高校野球界の監督《スペシャリスト》がここまで明かす！

投球技術の極意

大利 実

KANZEN

はじめに

『高校野球界の監督がここまで明かす！ 野球技術の極意』（２０１８年８月出版）『高校野球界の監督がここまで明かす！ 打撃技術の極意』（２０２０年６月出版）に続く、シリーズ３作目となる。今回のテーマはズバリ、『投球技術の極意』。

打力の向上によって、１４０キロを超えるストレートでも打ち返されるようになった近年の高校野球。速いだけでは抑えられない、ハイレベルな世界になっている。スケールアップを続けるバッターを抑え込むには、どのような育成法が必要になってくるのか。高校野球界だけでなく、大学野球界で実績を残す指導者にも登場してもらった。

茨城・常総学院高を率いる島田直也監督は、１９９８年に横浜ベイスターズの中継ぎエースとして日本一に貢献した元プロ野球選手。プロのレベルを知るからこそ、高校生を教える難しさを感じながら指導に当たる。今春、センバツ初出場を遂げた長崎県立大崎高の清水央彦監督は、投手育成に定評があり、長崎県立清峰高、佐世保実でも好投手を擁して甲子園に出場。「投球腕から指導する」という独自の理論を聞くために、長崎県西海市に足を運んだ。

地元紙に「剛腕製造工場の異名を持つ」と紹介されたこともあるのが、青森・八戸工大一高の長谷川菊雄監督だ。種市篤暉（ロッテ）を筆頭に、本格派右腕が育つ土壌がある。神奈川・立花学園高の志賀正啓監督は、ラプソードやパルクールなどを活用し、主体的に取り組む環境作りに力を注ぐ。個性を生かし、個性を育てる指導法に迫った。

さらに、「投手攻略」の視点から、三重・海星高の葛原美峰アドバイザーに「戦わずして、勝つ」という究極の攻略術をレクチャーしてもらった。投手攻略法を知ることで、相手から攻略されにくいピッチャーの育成法も見えてくるはずだ。

大学野球界から登場するのは、日本体育大の辻孟彦コーチ。２０１５年にコーチに就任すると、松本航（西武）をはじめ、続々と好投手を輩出し、「投手王国」と呼ばれるまでになった。投手育成理論から、ピッチャーズドリルまで、たっぷりと話を聞いた。

プロの世界からは、最多勝2度の吉見一起氏（元中日）にコントロール上達の秘訣、ゴールデングラブ賞に6度輝いた谷繁元信氏（元中日）に投手の特徴を生かすためのキャッチング術を語ってもらった。プロならではの感覚と技術論を、ぜひお楽しみに。

本書を読み進めていく中で、「この練習を試してみたい！」「この感覚は面白い！」といった発見や刺激がひとつでもあれば、著者冥利に尽きるもの。写真だけでなく、動画も掲載しているので、技術の向上にぜひ役立ててほしい。

高校野球界の監督《スペシャリスト》がここまで明かす!
投球技術の極意　目次

動

このアイコンメニューがついている練習メニューは
動画で確認することができます

https://www.baseballchannel.jp/etc/97644/

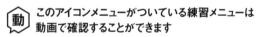

常総学院

島田直也 監督

「元プロ野球選手が試行錯誤でのぞむ高校生投手育成論」

自分で気づき、自分で取り組む選手に成長を促すきっかけを作りたい

プロ野球で419試合の登板を果たした島田直也氏。1998年には勝利の方程式の一角として、横浜ベイスターズの日本一に大きく貢献した。プロの指導者を経て、2020年4月から常総学院の投手コーチに就くと、同年7月26日に監督に就任。秋の関東大会で準優勝を果たし、今春センバツで甲子園初勝利を挙げた。プロの厳しさを知る指揮官は、どのような視点で高校生を見ているのか。高校生を指導する難しさを、素直に打ち明けてくれた。

PROFILE しまだなおや　1979年生まれ、千葉県出身。常総学院のエースとして1987年春夏の甲子園に出場し、夏は準優勝。87年ドラフト外で日本ハムファイターズに入団。91年シーズン終了後にトレードで大洋ホエールズ(93年から横浜ベイスターズ)へ移籍。94年以降は中継ぎとして活躍。97年には最優秀中継ぎ投手賞を獲得し、98年、38年ぶりの日本一に貢献した。ヤクルト、近鉄を経て2003年に現役引退。2020年7月末より現職。

島田直也の「投球メソッド」とは？

一

自分の武器を磨くことが課題の克服にもつながる

球種でもコースでも、まずは自分が一番自信を持っているボールを磨いていく。「得意なボール」を軸にピッチングを考えることで、自然と課題の克服にもつながっていく。

二

ピッチングの根幹は体重移動にもつながる

軸足で立ったら背骨の軸を意識したままキャッチャー方向に移動していく。軸の移動があるだけでも、バッターはタイミングが取りにくくなる。前の肩を内側に入れて開きを抑え込もうとするのは逆効果。

三

腕を振れるのがいいピッチャー

ピッチャーが一番怖いのが思いきりバットを振るバッターなのと同じように、腕を振れるピッチャーはバッターにとって怖い存在。特に変化球でも腕の振りが緩まず、ストレートと同じ強さで振れるピッチャーが理想。

四

ブルペンは自分のリズムで。個人でどこまでやれるかが成長のカギ

ブルペンでは自分のペースで投げさせる。指導者が1球1球細かいことを言うとリズムが崩れるので、何か言うなら投げ終わったあとにする。まずは見ることを大事にしながら、選手が全体練習のあと、個人で課題に取り組めるようにうながす。

五

ブルペンと中投を併用してフォームを固める

基本的な考え方は「ピッチングは投げて覚える」。ある程度の球数をこなさないとフォームは定着しない。ブルペンでの投球は1週間の中で連投する日、投げない日を作る。その上で、ボールの回転の良し悪しが確認しやすい30メートルほどの中投を取り入れていく。

名投手コーチ・小谷正勝氏からの言葉
自分の武器をひたすらに磨いていく

――本書のテーマは『投球技術の極意』です。島田監督にはプロの世界で培ってきた経験とともに、高校野球の指導者として大切にしていることを伺えればと思っています。まず、プロ野球人生を振り返っていただきたいのですが、日本ハム、大洋（横浜）、ヤクルト、近鉄と、計16年間プレーする中で、ターニングポイントとなった指導者との出会いはありますか。

島田　日本ハムから大洋に移籍した1年目に、投手コーチの小谷（正勝）さんと出会えたことが、その後のプロ野球人生を変えてくれました。日本ハムでは、プロのレベルの高さに驚きの連続で、最初に西崎（幸広）さんの球を見たときは、「こんなところでやっていけるのか？」と不安からのスタートでした。1年目にすぐにヒジの手術をして、リハビリ中は先輩のピッチングを見ながら勉強して、何とかいいところを取り入れようとしていました。西崎さんのヒールアップを真似したこともありましたね。

――真似をしていく中で、自分にピタッとはまったことはありますか。

島田　プレートの踏み方です。これも西崎さんを参考にしたんですが、スパイクの右半分をプレートにかけるようにしたところ、軸足でプレートを押せる感じが生まれて、リリースに力が入るようになりました。実戦に復帰してからは、2年目の後半に一軍デビュー、3年目は開幕一軍に入り、20試合に登板。先発でも2試合に投げさせてもらい、「これでプロでもできるだろう。おれもできるじゃん」と甘いことを思ってしまったんです。ところが4年目は一軍でなかなか投げられず、代わりに活躍したのが同期入団の芝草（宇宙／現・帝京長岡高監督）でした。

――常総学院と帝京のエースとして夏の甲子園でともに活躍し、入団時には「SSコンビ」として注目を集めましたね。

島田　それで焦ってしまったんですよね。ファームでも結果を残せずに、その年のオフにトレードで大洋に移ることになりました。実質、クビのようなものです。今でこそ、トレードは前向きに受け止められるようになっていますが、当時は違いましたから。もう必死にやらなければ、野球人生が終わってしまう。何とかアピールをしなければと思っていたところ、2月のキャンプ序盤、ブルペンで投げているときに投手コーチの小谷（正勝）さんに声をかけてもらいました。その言葉がなければ、今のぼくはいないと思います。

――名投手コーチとして知られる小谷さん。どんな言葉だったのですか。

島田　「いいスライダーを持っているな。これだったら使えるから。そのスライダーをうまく使うためにも、右バッターの遠いところのコントロールが大事だよ」。当時のぼくはコントロールに苦しんでいて、結構悩んでいました。コントロールを良くしない限りは、一軍で投げられない。そう思っていたにもかかわらず、小谷さんはダメなところを指摘するのではなく、ぼくの良いところを褒めてくださいました。

――新天地に来たばかりのピッチャーとしては嬉しいことですね。

島田　唯一自信を持っていたのがスライダーでした。不思議なもので、スライダーを軸にしながら、右バッターのアウトコースのストレートを練習していくと、自然にフォームが固まってきた。もうずっと、アウトコースの練習ばかりしていました。それまでは、「インコースにも投げなくてはいけない」といろんなコースをやろうとしすぎていたんです。でも、小谷さんの言葉によって、自分がやるべきことが明確になって、シンプルに考えられるようになりました。

――左バッターに対しては、どのような練習をしたのですか。

島田　徹底して、インコースのスライダーを練習しました。体の近くに入っていくスライダーであれば、いい当たりをされてもファウルになるので。

――そう考えると、ホームベースの一塁側の出し入れを徹底して磨いたわけですね。

島田 そうなります。そこに投げられる自信がついてくると、コントロールミスが多かったインコースのストレートや、今まで投げたことがなかったカーブまで投げられるようになり、一軍で結果を出せるようになっていきました。

――ひとつ、自分の武器ができたことが、ほかのところにも繫がっていったのかもしれませんね。小谷さんはフォームに関する指導はなかったのですか。

島田 細かいことは言われなかったですね。ひとつだけ言われたのは、「ストレートも変化球も腕の振りは同じにしろ」。そこは常に意識していました。

「おれが納得するまで使い続けるからな」監督から信頼されることのやりがいと喜び

――移籍後は、1年目から背水の陣だったと思いますが、結果を求めるあまりに打たれるのが怖くなるようなことはありませんでしたか。

島田 「結果を出さないとファームに落とされる」。そればっかり考えていました。その中で転機になったのは、移籍2年目に監督を務めていた近藤昭仁さんの言葉です。シーズンの途中に、「お前は打たれても、おれが納得するまで使い続けるからな」と声をかけてくださったんです。その言葉によって、「打たれたらどうしよう……」と感じていた不安が、「打たれても大丈夫なら、どんどん攻めていこう！」という攻めの気持ちに変わりました。そこから一軍で結果が出るようになって、もっと信頼して使ってもらえる。すごく楽しかったですね。

――近藤監督は喜怒哀楽が激しく、結構厳しい指導者だったという話を聞いたことがありますが、実際はいかがですか。

島田　選手にあえて嫌われるようなことも言っていましたけど、「自分のために言ってくれている」と思っていました。プロの世界に限らずだと思いますが、何も言われなくなったら終わりです。まだ、何かを言われて怒られているほうが、見てもらえているわけですから。

――その話は、今の高校生にもしますか。

島田　「怒られなくなったら、終わりだよ」と言いますね。怒られるのを嫌がる選手が多いと思いますけど、期待されている証です。

――大洋（横浜）に移ってから、中継ぎとして着実に結果を残し、1997年には最優秀中継ぎ投手を受賞。そして、1998年には38年ぶりのリーグ制覇、日本一に大きく貢献しました。当時の指揮官は、投手コーチも務めていた権藤博さん。選手の自主性を重んじた野球がクローズアップされていましたが、権藤さんとのやり取りで印象に残っていることはありますか。

島田　「攻めろ！　攻めて打たれるなら、文句は言わない」。シンプルな考えでした。攻めた結果、打たれるのなら仕方がない。でも少しでも逃げの姿勢が見えたときには、ベンチで怒られましたね。

――結構、厳しく言われるのですか。

島田　「攻めろって言ってんだろ！」で終わりです。こっちも逃げているつもりはないんですけどね。「打たれたくないな」と思って投げていると、ベンチからはそう映るんでしょうね。これは、自分が監督やコーチになるとわかりますね。

――常総学院の投手陣には、「攻めろ！」と言いますか？

島田　「打たれて学びなさい」という言い方をしています。特に練習試合はどんどん打たれていい。フォアボール、フォアボールでは、学びたくても学べないですよね。打たれることで、「もっと細かいコントロールが必要だな」とわかってくるわけです。自分の高校時代を振り返ってみても、3年春のセンバツで明石高校に負けたことが、大きな分岐点になりました。

――初戦で明石に0対4で敗戦。8回にはホームランを打たれています。

島田　たまたま、YouTubeで試合の映像を見つけたんですけど、恥ずかしいぐらいにお子ちゃまです。ホームランを打たれたあとの態度とか、ひどいものです、ロジンを叩きつけて（笑）。生意気な感じですね。

――今なら、島田少年に何と声をかけますか？

島田　「そんな態度だからダメなんだよ！」ですかね。でも、あそこで負けたおかげで、全国はすごいところだなと実感することができました。ストレートに自信を持っていたのに、簡単に打たれてしまった。ぼくはとにかく負けず嫌いなんで、勝負に負けるのはイヤ。スライダーをもっと磨かないといけないと思い、夏に向けて投げ込んでいきました。ずっと勝ち続けるピッチャーは絶対にいませんから。負けて学ぶこと、打たれて学ぶことは、本当に大事なことだと思います。

ピッチングフォームの根幹は体重移動
バッターが嫌がるのは腕を振る投手

――現役を引退したあとは、独立リーグの信濃グランセローズ、徳島インディゴソックス、横浜ＤｅＮＡベイスターズの指導者などを務めて、２０２０年から母校・常総学院の投手コーチ、夏の代替大会終了後から監督に就任されました。そして、秋の関東大会で準優勝を果たし、監督として初のセンバツで甲子園1勝。監督になってまだ1年半ですが、「投手指導」という観点で大事にされているのはどんなことですか。

島田 フォームに関して、細かいことはほとんど言っていません。特に、テイクバックを指導することはないですね。腕の使い方ばかり考えてしまい、思ったように投げられなくなったピッチャーを見てきたことがあるので。たとえば、腕が背中の後ろにまで入りすぎているとしたら、そこを直すのではなく、肩甲骨の柔軟性を求めるようにします。入りすぎたとしても、そこから投げられれば、その子の個性であり、武器になるわけですから。だから、「テイクバックを小さくして、体の後ろに隠しなさい」と言うこともありません。指導するとしたら、上半身よりも下半身で、具体的に言えば体重移動です。どんなピッチャーであっても、体重移動が重要であることは共通しているはずです。上体が突っ込むとか、開きが早いとか、いろいろな課題が存在しますが、体重移動がしっかりとできればそうしたことも直ると考えています。

——体重移動は、どのように指導されていますか。

島田 もうシンプルですね。軸足で立ったら、背骨の真っすぐの軸を意識したまま、キャッチャー方向に移動していく（写真P18）。前の肩を入れすぎたり、前屈みになりすぎたりせ

体重移動のポイント

ずに、軸を保ったまま移動するのがポイントです。「開きたくない」と思って、前の肩を内側に入れて体重移動するピッチャーがいますが、これはかえって逆効果で、開きやすいフォームになってしまいます。

――なぜ体重移動が大事なのか。どのように伝えていますか。

島田 軸の移動があるだけで、バッターはタイミングが取りにくくなります。

――「間（マ）」とも言われるところでしょうか。

島田 そうですね。体重移動のときに、時間を作り出すために前足の使い方を教えています。右ピッチャーであれば、左足のつまさきを三塁側に蹴りながら移動していく。これでタイミングが合うピッチャーであれば、「試してみたらどうだ?」と。人によって合う、合わないがあるので、強制するようなことはしません。

――3年生の速球派・大川慈英投手は、このやり方ですね。

島田 この移動ができていれば、前足のヒザが突っ張っていても、別に問題ないと思っています。

――島田監督自身は、高校時代に木内幸男監督からフォームの指導を受けたことはありましたか。

島田　ほとんどなかったですけど、言われて覚えているのは、ひとつだけですね。「お前は開くのが早いから、テイクバックのときに手を下ろせ」。ボールを持った右手を下に置いておくことで、体が突っ込むのを防ぐことができる。「ダラン投法」と言われたこともありましたけど、下に置くことでうまくタイミングが合うようになりました。

――体重移動の大切さはプロでも高校生でも同じですか。

島田　同じですね。体重移動をしっかりと行ったうえで、あとはもう腕を振るだけ。ピッチャー目線で考えると、バッターに思い切りバットを振られるのが一番怖さを感じます。芯に当たれば長打になる可能性がありますから。一方、バッター目線に立つと、腕を振ってくるピッチャーが一番イヤだと思うんです。多少コントロールが甘くても、腕を振って投げた球は勢いがありますから。特にストレートと変化球の腕の振りが変わらないピッチャーは、バッターからすると打つのが難しいと思います。

――「いいピッチャー」の条件と言えますか。

島田　たとえば、大川の場合、ストレートはいいものを持っているのは間違いないですが、変化球を投げるときにまだ腕が緩みます。特に、腕を振ってカーブを投げられるようになれば、「緩急」を使えて、持ち味のストレートがもっと生きてきます。

――今の高校野球を見ていると、どれだけストレートが速くても、それだけで抑えるのは難しいように感じます。

島田　レベルが上がっていますよね。ある程度は変化球が投げられないと厳しいですね。それも、球種が多ければいいというわけではなくて、何か絶対的な球種が必要になります。センバツで背番号1を着けた秋本（璃空）は、何種類投げているのかわからないぐらい、豊富な球種を持っています。でも、私からしてみると、すべてが平均的で「武器は何？」と思うのです。冬の間に、「何かひとつでいいから、武器になる変化球を磨こう」と話していたのですが、センバツの時点では未完成でした。いろいろと投げたがる高校生が本当に多いですけど、まずはひとつ、絶対的な武器を磨いてほしいですね。

全体練習後の過ごし方に差が生まれる
自ら本気で取り組める選手を育てる

――島田監督はブルペンでピッチングを見ているときでも、ほとんど声をかけていないように感じます。あえてそうしているのでしょうか。

島田　自分が現役のときを振り返ってみると、1球1球細かいことを言われると、ピッチングのリズムが崩れていくんですよね。そうなると、せっかくブルペンに入っているのに練習にならない。ピッチャー心理からすると、「お願いだから、とりあえずは自分のペースで投げさせて」と思ってしまうんです。学年が上がっていけば、ある程度は意識すべきことがわかってくるので、投げ終わったあとに「今日はどうだった?」と聞くようにしています。「感じが良かったです」と言えば、さらに続けていけばいい。難しいのが、あまり良い感じではなかったときです。こっちとしては、1週間以上は続けてみないと、本当に合っているかどうかわからないものですが、高校生はすぐに違う方向に進もうとする。試合がない冬場に、「もう少し我慢してやってくれ」と言うときはあります。

——入ってきたばかりの1年生はどのような目で見ていますか。

島田　最初は特に何も言わないですね。ブルペンで投げるのをずっと観察しています。どんな意図を持って、ピッチングにのぞんでいるのかを知るためです。たとえば、立ち投げに時間をかける子なのか、すぐに座らせて投げたがる子なのか、変化球はどんな意識で投げているのか、ただ投げているのか、バッターのことまで考えながら投げているのか。観察しておかないと、こちらから聞くこともできないので、まずは見ることを大事にしています。

——見ることがスタートですね。

島田　そこから気づいたことがあれば、個別に話をしていく感じです。次回のブルペンで、それを意識したうえでピッチングがどう変わっていくか。その繰り返しです。投げ方を手取り足取り教えるようなことは、まずありません。

――選手のほうから、島田監督に質問してくることはないですか。

島田　ありますけど、一番多いのが「球は速くしたいのですが、どうしたらいいですか?」。やっぱり、スピードへの憧れを持つ年代ですから、その気持ちはわかります。でも、スピードだけ追い求めていったら、ケガにもつながるので、彼らには「まずは体を作ること。いろんなトレーニングが広まっているけど、体幹トレーニングと走ることで、体を鍛えてほしい」と伝えています。本気で速い球を投げたいと思っている選手は、全体練習が終わったあとに自分でやるようになります。それは、ブルペンで投げる球を見ていればわかるものです。選手によく言うのは、「チームとしての練習をやるのは当たり前。そのあと、個人としての練習をどれだけやるか。寝るまでの時間の使い方が大事になるよ。そこで、自分の足りないところを補ってほしい」。その時間こそが、本当の意味での練習だと思っています。このことは、ずっと言い続けていますね。

――そうなると、やる選手とやらない選手で少しずつ差が出てきそうですね。

島田　そういうものだと思います。本人が「やらなくてもいいや」と思っているのなら、それ以上は伸びません。首根っこを捕まえて、「やりなさい!」と言うのもまた違うでしょうし、冷たく聞こえるかもしれませんが、そこは個人に任せています。体が疲れていると思えば、休養に充てるのももちろんオッケーです。

――高校生でも、高い意識で自主練習に取り組めるものですか。

島田 なかなかできませんね。彼らが「自分はやっている」と思っていても、指導者から見れば「まだまだ」だと感じることもありますし、そこは我慢強く言い続けるしかないでしょうね。

――結構、選手を大人扱いしているように感じるのですがどうでしょうか。

島田 それはあるかもしれません。ぼくの経験でもあるのですが、指導者にあれこれ言われて、やらされているうちは、本当の意味で一生懸命にはならないと思うんですよね。試合に出たいと思えば、自分でやる。活躍したいと思うのなら、ほかの選手より何倍も練習する。この考えが根底にないと、高校を卒業したあとに困りますから。常総学院の場合、大学、社会人、プロ野球でのプレーを希望する選手が多くいます。高校野球だけで終わるわけではないので、上の世界でも活躍できる考え方を身につけてほしい。大学やプロに行ったときに、「監督が言っていたのはこういう意味だったのか」と気づく形でも構わない。今そういうことを伝えておけば、上に行ったときの対応力も早くなるのかなとは思っています。

――島田監督自身は、3年春のセンバツで負けてから取り組みが変わりましたか。

島田 「もっとやらないといけない」と気づいたつもりではいましたけど、あとで振り返ってみたらまだまだ甘いですよね。「夏の大会で成績を出して、プロになれればいいな」ぐらいにしか考えていませんでした。「プロに入って、プロの世界で活躍したい」とまでは考えていなかったんです。だから、実際に入ったときにはそのレベルの高さに驚いて、戸惑うことばかりでした。西崎さんのピッチングを見たとき、自分が〝ひよっこ〟だと思いましたから。「プロになりたい」だけではどうにもならない。それでも、プロは1年契約の世界で、ダメなら1年でクビを切られます。その状況に置かれたら、自分で必死にやるしかない。先輩と同じことをやっていたら追いつけない。そこに気づいたところから、スタートでした。高校生がその気持ちで取り組むのは、さすがに難しいですけど、どれだけ早く気づけるか。だから、打たれること、負けることは、気づくチャンスになるわけです。

――一方で、高校生の場合はある程度の強制が必要で、練習をする習慣が付いてから、自主的に取り組めるようになるという考えもあると思います。

島田 最近の悩みどころですね。センバツのあと、木更津総合と練習試合をさせてもらったのですが、エースの島田（舜也）くんの下半身が見違えるように分厚くなっていてびっくりしました。昨秋の関東大会でうちに負けたのが悔しくて、冬はかなり走り込んだようです。五島（卓道）監督に聞くと、ハードなメニューだったようです。ピッチャーにとって、走ることほど辛いものはありません。だからこそ、自らの力で取り組んでほしいんですけど、まだ高校生のうちは強制的に厳しくやることも必要なのかなと。選手に任せているだけではダメ。木更津総合を見て、勉強になりました。

——昨今、「走り込み不要論」も出てきていますが、そこに関してはどう思いますか。

島田　プロのレベルにまで行けば、それぞれの考えがあっていいと思います。でも、まだ体ができていない高校生ですからね。体を壊すような走り込みでない限りは、走ることに意味があると考えています。ぼくの中では走ること＝体幹トレーニング。体幹が弱いと、どうしても上半身だけで投げようとするので、その結果として肩やヒジへの負担が大きくなってしまうのではないでしょうか。

「遠投」ではなく「中投」でフォーム作り　ボールを投げることで指先の感覚を養う

——今の高校野球はエースがひとりで投げ抜くのではなく、複数投手による継投が当たり前になってきました。センバツ初戦の敦賀気比では秋本投手（7イニング）、大川投手（6イニング）の継投でタイブレークの激戦を勝利。2回戦は秋本投手を4回(8失点)で代えて、大川投手をつぎ込むも中京大中京の打線を止められず……、という展開でした。秋本投手の交代を我慢したように感じたのですが、どんな狙いがあったのでしょうか。

島田　投手起用に関しては、まだ勉強中ですね。中京大中京戦で、秋本を引っ張ったのは2つの理由があって、「お前がエースだろう。もうちょっと踏ん張ってくれ。せめて、5回まで粘ってくれ」という気持ちと、ピッチャーを3人しか登録していなかったので、ゲームの終わりまで考えてしまったことです。バッテリーミスも多く、課題がたくさん出た試合でした。

――「1週間500球以内」の投球数制限が生まれて、以前に比べると、球数に対する議論が進んでいます。ブルペンでの投げ込みも減らしている学校が多いように感じますが、島田監督はどのように考えていますか。

島田　ぼく自身は、「ピッチングは投げて覚えるもの」という考えです。フォームも投げることで固まっていく。昨年度のオフシーズンに、秋本と大川には「1週間300球」を目標にして投げ込みをさせました。1週間の中で連投を必ず入れて、投げない日も作る。ただ……、こちらの反省としては球数をこなすことが目標になってしまったかなと。走り込みもそうですけど、指示をしてやらせるところと、選手に任せるところと、そのバランスが難しいですね。指導者として、本当にまだまだ勉強中です。

――現役時代の島田監督はどのぐらい投げていたんですか。

島田　1日300球、投げるときもありましたね。投げるのが好きだったこともあって、ほぼ毎日投げていましたけど、ぼくと同じことをやったらすぐに痛くなると思います。今の子たちを見ていると、ある程度休んだほうがいい球を投げられるのかなと。ただ、いい状態が続くかというとまた別の話で、ある程度の球数を投げていかないと自分のフォームが定着するまでには至らないのかなとは思います。だから、ブルペンに入らないとしても、「中投でフォームを固めるように」と話しています。

――中投ですか？

島田　30メートルほどの距離で行うキャッチボールです。遠投までいくと、ピッチングと投げ方が変わってきてしまうので、中投を取り入れています。バッテリー間よりも距離が遠くなる分、ボールの回転の良し悪しを自分の目で確認しやすくなります。しっかりと指にボールをかけて、回転を掛けられているか。この指先の感覚は、ボールを投げないと身につかないものだと思います。近い距離でのネットスローも勧めています。

――センバツの話に戻りますが、投手陣が打ち込まれ、守備陣のミスも重なり、5対15と悔しい敗戦になってしまいました。試合後はどんな話をされたのですか。

島田　センバツで気づいたこと、これから夏に向けてどんな取り組みが必要か、レポートを提出させました。「1球に対する執着心が足りなかった」「仲間同士の声かけが甘かった」など、いろんなことが書いてあって、当然悔しがっているんですけど、その後の練習を見ているとその悔しさが伝わってこないんですよね。そこが、もどかしい。ぼくは本当に悔しくて、中京大中京に負けた「3月27日」という日付は今後絶対に忘れることはありません。甲子園で久しぶりに1勝を挙げて、子どもたちの中で満足した気持ちがあったのかはわかりませんが……、もっとやれるだろうと思います。「甲子園に行きたいのか」、それとも「甲子園に行って勝ちたいのか」、そこには大きな差があります。

――木内監督であれば、3年生のレギュラーを外す荒療治をする可能性もあるかもしれませんね。

島田　昔の木内さんなら、そういうことをしているでしょうね。ぼくは教員ではなく、雇われ監督なので、勝負だけに徹すればそうしたやり方もありかもしれません。ただ、レギュラーを外したところで、「夏になれば、どうせ使ってくれるでしょう」と思われるところもあるんじゃないかなと……。高校生の気持ちをコントロールするのは難しいですね。それでも、高校生のすごいところは短期間で一気に成長するところです。昨年秋の関東大会では、バッティング面でよく頑張ってくれたのですが、県大会を見ている限りはあそこまで打つとは思いませんでした。県大会から関東大会まで、わずか2週間ほどの間でガラッと変わった。何かのきっかけや自信ひとつで変わるのが高校生なので、そこを掴ませてあげたいですね。

県立大崎

清水央彦 監督

「投手を育てるポイントは教える順番にあり」

ピッチャーはバッターより教えやすい 投球腕から教える投手指導法

2020年秋の九州大会で初優勝を成し遂げ、2021年センバツに初めて出場した長崎県立大崎高校。立役者は、2018年4月に就任したばかりの清水央彦監督である。部員5名からスタートし、わずか3年での快挙だった。「投手育成」の手腕に長け、清峰高校の部長として春夏4度、佐世保実の監督として夏2度、甲子園の土を踏んでいる。指導のベースにあるのは「ピッチャーを中心にした守りの野球」だ。育成法を探りに長崎県西海市まで飛んだ。

PROFILE しみずあきひこ 1971年生まれ、長崎県出身。佐世保商業から日本大学へ。教員免許取得後、2001年より北松南高校（現・清峰高）野球部の部長兼コーチに就任。甲子園春夏計4回出場を果たす。2009年夏より佐世保実業監督を務め、2012年、2013年と2年連続で夏の甲子園出場。2017年に外部コーチとして大崎高校へ。2018年春より現職。2021年センバツ初出場へ導いた。

清水央彦の「投球メソッド」とは？

一

下半身ではなく、投球腕の使い方から指導

ほとんどの指導者が「下半身」から投球指導をスタートするのに対し、清水監督は真逆の「投球腕」から行う。優れた感覚を持っている利き腕だからこそ、修正や調整がしやすい。下半身の指導はしっかりとトレーニングして力がついてからでいい。

二

トップは「時間軸の中心」として先に決める

トップが決まらなければ、ほかの動きを修正してもずれが生じてしまう。逆にトップが決まっていればフォームは大きく崩れない。理想の位置はよく聞く〝耳の横〟ではなく〝頭の後ろ〟。

三 グラブハンドはヒジを支点にして縦に収める

グラブを持った腕のポイントは収めるときの動き。体はヒジが指す向きに倒れるのでヒジを支点にしてオーバースローなら下に、サイドスローなら横に向けたほうが体が回りやすい。〝肩の入れ替え〟は意識せず、ヒジを支点にして体を入れ替えるイメージ。

四 踏み出し足は股関節を閉じたままキャッチャー方向に移動

踏み出し足(前の足)を上げたら、股関節を閉じたままかかとをキャッチャー方向へ向け、そのまま体重移動する。足は自分から着こうとするのではなく「落とさず真っ直ぐ移動」させることで勝手に着地するイメージ。

五 ピッチャーは自分がやることだけに集中

フォーム作りはボールを使わず、シャドウピッチングで体に染み込ませる。ピッチャーを作るのはブルペンで、右ピッチャーなら右バッターのアウトコースにワンバウンドでもいいのでしっかりと投げ込む。バッターとの駆け引きは、実戦で覚える。

まずは投げる腕から下半身の指導は最後に

清水央彦監督に初めて会ったのは、2007年頃だったと記憶している。神奈川・川崎北高を率いていた佐相眞澄監督（現・県相模原高）のもとに、バッティング指導を教わりに来ていた。すでに、清峰の部長として春夏4度の甲子園を経験したあとであり、投手育成に長けた指導者であることはよく知っていた。どこかでお話を聞きたいと思っていたところ、偶然にも、神奈川の地で会うことができた。

――ピッチャーはどんなところから教えるのですか？

たしか、こんな質問をした覚えがある。それに対する、清水監督の考えに驚かされた。

「私は、投げる腕から教えます。ほとんどの指導者が、『腕はいじらない』『下半身から教える』と考えていると思いますが、下半身を教えるのは最後です」

その後も多くの指導者から、投手育成法について聞いてきたが、「投球腕から教える」と自信を持って答えたのは清水監督だけである。

なぜ、投球腕から入るのか。なぜ、下半身の指導は最後なのか。

もっとじっくりと話を聞きたいと思ったまま、10年以上の歳月が過ぎてしまった。その間、清水監督は佐世保実を夏の甲子園に2度導き、この春には県立大崎高を初の甲子園出場に導いた。甲子園に行くときには必ずと言っていいほど好投手がいて、現在の大崎高には安定感が光る右の坂本安司と、将来性豊かな長身左腕・勝本晴彦を筆頭に、楽しみなピッチャーが複数いる。

羽田空港から飛行機でおよそ2時間、さらに長崎空港からレンタカーで1時間半。目的の場所である西海市の大島総合運動公園のグラウンドに着くと、「こんな遠くまでわざわざありがとうございます」と、清水監督が笑顔で迎えてくれた。この野球場は、大崎高校の実質的なホームグラウンドであり、平日も土日も優先的に使用できるようになっている。

早速、聞いてみたかった。投球腕から教える理由はどこにあるのでしょうか——?

「利き腕なので、誰もが優れた感覚を持っています。感覚があるからこそ、直しやすい。それが一番の理由ですね」

何とシンプルな答え。

では、軸足から指導しない理由とは?

「軸足で立って、体重移動を起こして……という動きもたしかに大事ですが、まだ下半身の力がないうちにそこをやってしまうと、スピードが全然上がってこないんです。軸足できれいに立ったとしても、体重移動のスピードにつながっていかない。上半身の動きができて、トレーニングによって下半身が強くなってから、下の使い方を教えるようにしています。これまでの経験上、下の動きは形だけ作っても、良くなっていきません」

高校野球は実質2年半。清水監督の中には、投手育成のおおまかなプランがある。

「教える順番は、右ピッチャーでたとえるのなら、右腕、左腕、左足、右足で、最後にもう一度、右腕に戻ってきます。優先順位は上から下。上半身については1年秋ぐらいまでに改善して、それと並行して、下半身はトレーニングでみっちりと鍛えていく。1年生の冬頃には、ステップする左足の改善に入り、それができてから軸足に入る。だいたいこの順番を踏むようにしています」

指導の順番が、ここまで明快な指導者もなかなかいないだろう。順を追って、それぞれのポイントを紹介していきたい。

【投球腕の指導（右投手の右腕／左投手の左腕）】

1．トップは後頭部の後ろ→時間軸の中心として先に決める

投球腕で重要視するのがトップだ。

「トップ＝時間軸の中心です。トップが決まらなければ、ほかの動きをいろいろと修正しても、ずれが生じてしまう。だからこそ、先に作って、決めるようにしています」

いわば、投球フォームの基準とも言えるのがトップ。ここが決まっていれば、グラブハンドや下半身の動きを変えたとしても、フォームが大きく崩れることはない。

では、清水監督が考える理想のトップの位置とは？

「後頭部の後ろです。利き手がここに入ってくれれば、ヒジが自然に上がり、いわゆる〝ゼロポジション〟を取りやすくなります」

「耳の横に持ってきなさい」という教えも聞いたことがあるが、「後頭部」との違いはどこにあるのか。

「耳の横では、どうしてもヒジの位置が低くなりやすい。低い位置から投げにいくと、ボー

ルを押し出すようなリリースになってしまいます」

入学した当初は、正しいトップの形を覚えるために、後頭部に手を置いた状態からの正対キャッチボールを行う（写真P41上）。正対で感覚をつかんだあとは、ピッチングと同様に体を横向きにしてボールを投げる（写真P41下）。

トップを作ったときの手のひらの向きは自由。「上に向くのが理想ではありますが、特にこだわりはありません」と清水監督。ここまで型にはめると、腕の振りが鈍くなるピッチャーが出てきてしまうという。

2. 動きの中でトップを通過する→トップで止まるのはNG

正対と横向きのキャッチボールで、トップの位置がわかってきたら次の段階に入る。

「テイクバックからリリースにいくまでの間に、一瞬でもいいので、後頭部の後ろを通過させること。トップを作ろうとして、動きが固まってしまうのが、一番良くありません。感覚的には、テイクバックからトップ、リリースにいくにつれて、動きが加速していくことが重要です」

実際にやってみるとわかるが、肩甲骨の可動域が狭いと後頭部の後ろにまで持っていく

正対キャッチボール

横向きキャッチボール

のが難しい。持っていけたとしても、ぎこちない動きになる。清水監督曰く、「トップを作ることと、肩甲骨の柔軟性を高めることはセット」。大崎高では毎日のアップで、太い縄を使った体操を取り入れている。肩甲骨を意識して、腕が耳に触るぐらい大きく、大きく回す（写真P43）。毎日行っていれば、肩甲骨の可動域は確実に広がっていく。ほかのメニューも動画で紹介しているので、ぜひチェックしてほしい。

3. 手は前、ヒジは後ろ →手は体側の近くに置いておく

トップにつながるテイクバックの教えは、「手は前、ヒジは後ろ」。これは写真を見てもらったほうがわかりやすい。44ページの上の写真が「手は前、ヒジは後ろ」で、下の写真は「手もヒジも後ろ」の状態だ。

「最終的には、腕がムチのように振られるのが理想です。イメージとしては、テイクバックからトップにかけては『小さい円』、トップからフォロースルーに向けては『大きい円』を描いていく。小さい円を描くには、テイクバックで手が体側の近く（右ピッチャーなら右半身）にあることが重要です。このとき、手が背中の後ろに入ると、最初からヒジが伸び切った状態になるため、腕を振ったときにしなりを生み出すのが難しい。肩甲骨の可動域が狭

太い縄を使った体操

動

テイクバックのポイント

○「手は前、ヒジは後ろ」

×「手もヒジも後ろ」

くなるため、ヒジが上がりにくい状態を自ら作り出していることにもなります」

手が体の近くにあるときと、背中のほうに入り込んでいるときで、ヒジの上がりやすさを体感してみれば、その違いがすぐにわかるはずだ。

【グラブハンドの指導（右投手の左腕／左投手の右腕）】

1．ヒジを縦に入れる →ヒジが指す方向に体は倒れる

投球腕の次は、グラブを持った腕の使い方になる。

「直線で作って、直線で収める。グラブを出す向きは、斜め45度ぐらいで教えています。ポイントは収めるときの動きで、ヒジを支点にして、縦に入れていくこと（写真P46）。ヒジが指す向きによって、体は倒れていくものなので、オーバースローはヒジを下に向ける。サイドスローの子は、ヒジを横に向けたほうが、体が回りやすい。ヒジの角度によって、体が倒れる方向が決まると考えています」

オーバースローにもかかわらず、ヒジを横に使ってしまうと、上と下の回転が合わないことになる。投球フォームが安定していないピッチャーの多くは、このグラブの収め方が

グラブを持った腕の使い方

1球ごとに違っているという。41ページで紹介した、トップの形を作ってから投げるキャッチボールでも、グラブの収め方に意識を向けておく。

2. ヒジを支点に入れ替える→肩の入れ替えは意識しない

回旋運動を行うときに、「左肩と右肩を入れ替える」という言葉を聞くことがあるが、清水監督の考えは少し違う。

「その言葉のとおりに、左肩の位置に右肩を持ってこようとすると、ほとんどのピッチャーは体が早く開いてしまいます。私が教えているのは、縦で収めた左ヒジを支点にして、右肩を前に持っていく。というよりも、グラブをしっかりと収めれば、そこに支点ができて、体がうまく回るようになります」

コンパスでたとえるのなら、芯の中心は左のヒジ。ここを基点にすることで、左のヒジから、ボールを持った右手までの距離を長く使うことができる。

「利き腕の振り幅をどれだけ長く使えるか。長くすればするほど、ボールに力を伝えられるようになります」

グラブの使い方がわかってきたピッチャーには、もうひと段階上の話として、「グラブに向かって、自分の体を入れていくように」という助言を送る。グラブを引き寄せるのでなく、体をグラブに寄せていく。

「どちらにしても支点を作ることです。私は、投げる動作は『X』だと思っています。投球腕もグラブを持つ腕も、体の中に集まってくることで力を発揮することができる（写真P49）。ここが重要なポイントだと思います」

この感覚がなかなかわからないピッチャーには、50ページの写真のようにグラブハンドでバットを持ち、左肩を閉じた窮屈な状態で投げさせることもある。プロ野球を見ていると、グラブを背中の後ろに思い切り引くピッチャーもいるが、あくまでもリリースのあとの動きだ。リリースの瞬間は、体の内側に力を集めておく。

【踏み出し足】（右投手の左足／左投手の右足）

1．股関節を閉じたまま踏み出す
→捕手方向に力のベクトルを向ける

上半身の動きをマスターしたあとに、下半身の指導に入る。まずは、ステップする踏み出し足から教えていく。

投げる動作は『X』

左肩を閉じて投げるドリル

「前の足は、股関節を閉じる技術が必要になります。いかに開かずに、そのままキャッチャー方向に真っすぐ踏み出していけるか。ピッチャーは力の方向性が重要で、このときに前の足を外回りさせると、体が早く開く原因になってしまいます」

動作としては、足を上げて股関節を内側に締めた体勢から、かかとをキャッチャー方向に向けたまま体重を移動させる。(写真P52)。

「表現としては、『足を入れたら、そのまま落とさずに真っすぐ移動するように』という言い方をしています。絶対に足はどこかに着くので、自分から着こうと思う必要はありません。着地したところで、前足の股関節にしっかりと体重を乗せていく。つまさきは閉じたままでオッケーです。実際に投げようと思えば、つまさきは必ずキャッチャー方向に向いていくので、わざわざ言う必要はない動きだと捉えています」

ピッチャーによっては、アルファベットの「L」を意識した足の動きを取り入れていることもある。上げた足を地面の近くにスッと下ろしたあと、地面を擦るようにして体重移動を行う。このほうが、キャッチャー方向に真っすぐ移動できそうな気がするが、清水監督に聞くと、「うちでは教えていないですね」と首を振った。

「足を上げたあとに、股関節を閉じたまま、高いところから落ちていくことが大事なんです。

踏み出し足の使い方

それによって、エネルギーを生み出すことができます」

股関節を閉じて、高さをキープしたまま、真っすぐ踏み出していく。ここが重要なポイントになる。

2. 尻の位置でステップを調整→インステップは尻から直す

インステップもアウトステップも、「それでいい球が投げられているのであれば、気にしない」というスタンスの清水監督だが、インステップで力の方向性がずれている場合には、改善を図る。

「踏み出す足の位置だけを変えようとしても、インステップは直りません。ポイントは、お尻を落とす方向です。右ピッチャーであれば、今のお尻の位置よりも少し後ろ側（一塁側）に落としていく（写真P54）。これだけで、たいていのピッチャーは直ります」

尻の位置をずらすことで、体の前に空間が生まれ、足を真っすぐ踏み出しやすくなる、という理屈だ。ただし、あくまでも投げているボールとの相談であり、インステップを直してボールの勢いが落ちてしまうようなら本末転倒。このあたりは見極めが必要になる。

インステップの修正法

【軸足】（右投手の右足／左投手の左足）

1.スイッチを入れる
→タイミングを取る場所を作る

ここでようやく、軸足の指導に入る。

「必ず伝えるのは、『スイッチを入れておきなさい』ということです」

言葉の意味が理解できなくて、頭の中に「?」が浮かんだ。

「足を上げたときに、右足の股関節に乗る動作を『スイッチ』と呼んでいます。スイッチは投球フォームにおける『間（マ）』のようなもので、間を取るタイミングを作っておくことで、フォームが崩れたときにも修正しやすくなります。スイッチを入れてから体重移動に移るピッチャーもいれば、体重移動の途中にスイッチを入れるピッチャーもいますが、投手陣に伝えるのは『1回、軸足でスイッチを入れてから、前に出ていくように』（写真P56）。経験上、このほうがシンプルでフォームの修正がやりやすいように思います」

スイッチを入れる

2.パワーポジションを作る→左・右投げで崩し方が変わる

軸足のポイントは、片足立位の姿勢でパワーポジションを作ることにある。大きなパワーを発揮できる股関節に体重を乗せてから、キャッチャー方向に体重を移す。清水監督は、「軸足を崩す」という表現を使っていた。「崩す」という言葉のほうが、足を上げてからの落下スピードが速くなりそうだ。

「基本的な動きとしては、軸足の内側に力を感じながら、パワーポジションを作っていきます。トレーニングで下半身を鍛え上げるのと同時進行。これができるようになったら、右ピッチャーに限って、体重の乗せ方を変えるようにしています。軸足の外側（二塁方向）に体重を乗せながら、体重移動に入っていく（写真P58）。右ピッチャーは残しながら前に出ていったほうが、キレのある球が投げられ、コントロールも安定していきます。ただ、左ピッチャーにこのやり方を教えるとあまりうまくいきません。左は、残さずに前に出ていったほうがいい。前に突っ込むぐらいが、ちょうどいいのかなと思います。『肝臓の位置が関係している』という話も聞きますが、詳しいところはわからないですね」

右ピッチャーと左ピッチャーの育成に関して、「変わらない」と話す指導者もいれば、「や

軸足の体重移動の仕方（右投手の場合）

はり、何かが違う」と感じている指導者も多い。清水監督が感じる違いは、体重の残し方。なかなか興味深い話である。

3. 股関節を入れ替える→2本足で立つ

前足が着地したときにも、意識するのはパワーポジションの姿勢だ。

『股関節を入れ替えるように』と教えています。右足の股関節に乗せていた体重を、左足の股関節に乗せ替えていく（写真P60）。『2本足で立って、2本足で投げるように』と表現することもあります。このときに、右足がプレートから早く離れてしまうと、この形が作れなくなります」

プレートの使い方にも、工夫が必要になる。右ピッチャーであれば、スパイクの右側半分の金具をプレートにかけておく。

「食い込みが良くなるというか、プレートにかけるだけで、スピードが3キロぐらい上がるピッチャーもいます」

「プレートを押す」という指導法もあるが、清水監督は使わないそうだ。

「結果的に押しているように見えるかもしれないですが、動作として意識してしまうと、後

股関節の乗せ替え

ろに残りすぎる可能性があります。意識させすぎると、フォームの流れがおかしくなることもあるので、言わないようにしています」

4. 下半身はトレーニングで強化→パワーポジションを作る

パワーポジションを作る際に、ヒザが前に出すぎると、ふとももに力が入りやすく、大殿筋やハムストリングの力を発揮しづらくなる。ただ、「ヒザを前に出さないように」と言っても、下半身の力が弱ければなかなか難しい。「うちは鬼のようなトレーニングで鍛えていくので、このあたりは言わなくてもできるようになってきます」と清水監督は平然とした表情で語る。

取材日に、トレーニングの一部を見せてもらったが、なかなかハード。グラウンドのすぐ横にある角度10度ほどの坂道を使って、丸太を抱えた状態からのサイドステップ（写真P62）、レッグランジ、前向き・後向きジャンプなどで下半身を徹底的に鍛えていた。ここでパワーポジションにつながる姿勢を身につけていく。

丸太トレーニング 動

【投球腕（右投手の右腕／左投手の左腕）】

1. テイクバックで調整する →上と下を合わせる

最後はもう一度、投球腕の指導に入る。何をやるかと言えば、上と下の調整だ。

「下半身の動きに対して、テイクバックからトップの流れが合っているかをチェックします。下半身が大きく動いているのに、テイクバックの動きが小さいと、リリースのタイミングが合わなくなってきます」

そんなに簡単に調整できるのか疑問が浮かぶが、「すぐに直りますよ」と即答した。

「『手は前、ヒジは後ろ』の関係性だけは崩さずに、テイクバックを少しコンパクトにしたり、大きめに取ったり、調整を加えていきます。トップが通過する場所はもう身についている段階なので、テイクバックをいじってもフォームが大きく崩れるようなことはありません」

「時間軸の中心」であるトップが決まっているからこそできる、修正法と言えるだろう。

変化球におけるカットボールの重要性
肩の内側にシワを作るのがポイント

投球フォームのポイントを押さえたうえで、実戦で結果を出すための技や考え方について紹介していきたい。

清水監督は「現代の高校野球で勝つにはカットボールが必須」という持論のもと、1年生の段階でカットボールの投げ方を伝授している。

「ストレートが荒れているピッチャーでも、カットボールを投げるとストライクを取れるようになります。リリースの感覚が大事で、人差し指の内側に意識を持つ。人差し指でコントロールを付けるのがポイントです。空振りではなくゴロを打たせる球種で、カウントの端で使いやすいボールですね」

カウントの端……？　初めて聞く表現だった。

「カウント0－0や3－2のことを、『カウントの端』と呼んでいます。バッターからすると、ストレートを狙ってきやすいカウント。ここでストレートの軌道から少し曲がるカットボールを投げると、内野ゴロになるケースが多いですね」

右ピッチャーの場合、右バッターの外に使うのはもちろん、左バッターの外から入れて

カットボールの握り方

くる使い方もある。今年のエース坂本安司もカットボールを覚えてから、投球の幅が広がったという。65ページの写真が、カットボールの握りとなる。

「ストレートよりも腕を振る意識を持って、リリースのときに、人差し指の内側でボールを切るイメージを持っています。自分は、入学してすぐに投げられるようになりました」(坂本)

ただ、変化球を覚えると、「ストレートの腕の振りが緩くなる」という弊害が出ることもある。このあたりは、どのように指導しているのだろうか。

『ストレートよりも速く腕を振りなさい』とは言っています。コツとしては、肩の内側にシワを作るイメージです。ストレートよりも気持ち早めに、シワを作る(写真P67)。早めに腕を入れる感じです。『曲げよう』としたくなるためか、腕が緩んで、腕の振りが遅れてしまうケースが結構あります」

大事なのはピッチャー本人の感覚であり、外から見たときには、ほぼ同じ投げ方に見えるという。変化球で腕が緩みがちなピッチャーは、早めに腕を入れるイメージを持ってみるのもいいだろう。

肩の内側にシワを作る

アウトコースに投げ続ける振り幅の長さが重要なカギ

フォーム作りは、タオルを使ったシャドウピッチングをベースにして、理想の動きを体に染み込ませていく。

「ボールを投げていたら、なかなか動きは変わってきません。今までの自分の感覚とは違うことをやらなければいけないので、ボールを投げると、その結果に引きずられてしまうことが多い。シャドウピッチングであれば、自分のフォームだけに向き合うことができます。シャドウでフォームを作りながら、ブルペンでは自分のベストボールを投げることに集中する。マウンドに上がったときに、フォームの細かい動きを気にすると、自分のボールを投げられなくなってしまいます」

ブルペンでは、1日150球がベース。試合当日のキャッチボール、ブルペン、実戦の球数を数えたら、200球近くは投げていることが多い。となれば、練習の段階から150球は投げられる体力を作っておく必要がある。それが清水監督の考えだ。

「私自身、バッティングピッチャーや紅白戦で投げさせるのがあまり好きではありません。ピッチャーを作るのはブルペンであり、バッターとの駆け引きは相手がいる試合で覚えていけばいい。ピッチャーはバッターと違って、自分がやることだけに集中すれば結果を出すことができます。自分が投げるボールのレベルを上げていけば、抑える確率が上がっていく。そのベースを上げた次のステップとして、バッターとの駆け引きがあると思っています」

ブルペンでは、独特な作り方をしている。

「クロスの50球から入ります。右ピッチャーであれば、右バッターのアウトコースに50球。腕の使い方として、振り幅をできるだけ長く出せたほうが、ボールに伝える力は大きくなります。右ピッチャーで考えたとき、振り幅を一番出せるのはアウトコースに投げるときです。究極を言えば、アウトローへのワンバウンドでいい。ピッチングはここから作っていきます」

「球持ちを長くする」と言い換えることもできそうだが、「アウトローへのワンバウンドでいい」とは驚きの発想だ。

「変化球にも言えますが、多くのピッチャーは高く抜けた球を低く押さえようとしています。そうではなくて、低めに引っかけたボールを高めに上げていく。この発想のほうが簡単だと思います。高めに浮かせることは、誰でもできますから」

清水監督の指導によって大成するピッチャーは、中学時代に軟式でプレーしていた選手がほとんどだ。清峰時代の古川秀一（元オリックス）や、センバツ優勝投手の今村猛（広島）を筆頭に、佐世保実で甲子園に出たときの左腕・木村隆志、さらに現在の大崎高の坂本も、軟式出身である。軟式出身の彼らには、この考えがより当てはまるという。

「軟式から来た子は、ボールが浮きます。硬球と軟球の重さの違いがあると思いますが、ボールを押さえこむことができません。今村も1年生の秋までは、ボールが浮いていました。これも、硬球を投げていくうちに改善されていきますが、振り幅を長くする意識が必要になっていきます」

こうした成功事例を持っているため、たとえボールが高めに浮いていたとしても、「いずれは必ず良くなる」という未来予想図を描くことができるという。指導者として、大事な視点と言えるだろう。

取材が終わりに近づいた頃、清水監督は自身の投手理論についてこう語り始めた。

「私が教えていることは、そんなに難しいことではないと考えています。誰にでもできることですよ。ピッチャーは自分がやることに集中すればいいので、個人的にはバッターを教えるよりもわかりやすいのかなと思います」

ひとつ付け加えるとしたら、「教える順番」を間違えないことが非常に重要になる。段階を踏んだ指導が確立されているからこそ、「毎年のように好投手が育つ」と言って間違いないだろう。

八戸工大一

長谷川菊雄 監督

「球速こそ一番! 将来性豊かな本格派を生み出す指導メソッド」

成長の手ごたえを感じさせる そうすれば選手自身に前向きな気持ちが生まれる

青森県八戸市にある八戸工業大学第一高等学校。長谷川菊雄監督の指導のもと、毎年のように右の本格派が育つ学校として知られている。ここ6年間で、内沢航大(法政大〜JR北海道硬式野球クラブ)、種市篤暉(ロッテ)、古屋敷匠真(法政大4年)、向井龍介(専修大3年)が育ち、さらに今年のエースの黒田将矢は最速149キロをマーク。これだけ続くのであれば、何らかのメソッドが必ずあるはず。5月下旬、八戸に向かった。

PROFILE　はせがわきくお　1977年生まれ、兵庫県出身。八戸工大一高時は2年秋と3年春に三塁手として県大会優勝。八戸工大卒業後は民間企業に就職するが00年に恩師・山下繁昌前監督からの依頼を受けて母校のコーチへ就任(電気科教諭)。08年より現職。2010年に夏の甲子園出場。

長谷川菊雄の「投球メソッド」とは？

一 ピッチャーにとってもっとも重要なのは球速

コントロールも必要だが、スピードがあれば多少のボール球でも手を出してくれる。バッターにとってボールを見極める時間が短くなることは、芯でボールを捉える確率を減らすことになる。

二 球速アップのカギは下半身の使い方

体重移動は股関節に〝乗せる〟ではなく〝入れる〟。軸足から踏み込み足に体重がうつるときの起点になるのが『股関節の入れ替え』で、体重はうしろに残さず、前足に乗せきることが大切。

三

『顔の近くにヒジを通す』ことでコントロールが安定する

ヒジが顔から離れるとコントロールが不安定になる。キャッチボールのときからダーツのようになるべく顔の近くをヒジが通過するように意識させる。リリースのタイミングは『前』ではなく『奥』。なるべく球持ちを長くして、自分から見て『奥』で離すことでコントロールがつけやすくなる。

四

理想の球筋はクロスの角度で入っていくフックボール

ブルペンでは(右ピッチャーなら)右バッターのアウトコース寄りをターゲットにする。理想の球筋はクロスの角度で入っていくフックボール。アウトコースを意識することが『奥』でリリースすることにもつながる。

五

変化球も、原点はストレート

ストレートの球速が上がれば変化球のキレも上がる。ストレートが伸びていない状況で変化球をどうにかしようと考えても上手くいかない。球種をおぼえるときも、「ストレートに悪影響が出ないか」を一番に考える。

細くて長いピッチャーこそ将来性あり
軟式出身は計算が立たないゆえの魅力

八戸学院光星、青森山田と、甲子園常連の2強が君臨する青森県。1997年から2009年までは2強のどちらかが夏の甲子園切符を勝ち取っていた。その流れを変えたのが、八戸工大一だ。2010年の決勝で光星学院（現・八戸学院光星）を下して、分厚い牙城をついに崩した。学校にとっては12年ぶり5度目の夏の甲子園出場となった。

「青森の私学」と聞くと、関西から有望な中学生が入学しているイメージがあるが、八戸工大一はオール地元。同じ青森でも片道2時間以上かかる生徒もいるため、野球部の寮で生活を共にしている。中学時代に部活動でプレーしていた選手が多く、ロッテで活躍する種市をはじめ、冒頭で紹介したピッチャーは全員が軟式出身である。

おそらくは、中学生をリクルートする段階から、「この子なら伸びる」という目を持っているのではないか——。そんな仮説を立てて、八戸工業大学のキャンパス内にある野球場を訪ねた。

「細くて大きい子というよりは、細くて長くて、腕が振れる子ですね。これをひとつの目安にはしています。たとえば、内沢が入学したときは188センチ63キロぐらいで、種市にしても180センチで60キロの前半。身長があれば、打点が高くなり、角度が出ます。中学時代に球が速くても、体ががっちりしている子は、伸びしろがどうなのかなと。特に胸の筋肉が発達している子は、腕を振るのに邪魔になってしまう気がしています」

兵庫県尼崎市出身の長谷川菊雄監督。奈良の天理高校に憧れを抱いていたが、夢かなわず、縁あって八戸工大一に進学した。そこから八戸工業大に進み、2年間の会社員生活を経て、母校のコーチに就き、2008年4月から監督になった。現役時代のポジションは内野手で、ピッチャーの経験はない。

「今年で44歳になりますけど、ぼくらが高校生の頃に、ウエイトトレーニングが流行りはじめたように思います。とにかく重たいバーベルを挙げることにこだわって、チームで競争する。でも、同級生の中には筋力は増えたけど、いい球が投げられなくなったピッチャーもいました。高校生ながらに、『ピッチャーは、ウエイトトレーニングをやりすぎるのはあかんのやろうな』と感じましたね」

ウエイトトレーニングのやり方も関係していただろう。もしかしたら、上半身ばかりを鍛えていたのかもしれない。専門のトレーナーが正しいやり方を教えていれば、また違った結果になった可能性もある。今の八戸工大一でもウエイトトレーニングを取り入れているが、ピッチャーは下半身中心のメニューが組まれている。

近年活躍した本格派の顔ぶれを見ると、右腕が続いているのも気になるところだ。これは、たまたまなのか、必然なのか。尋ねると、「ぼくは、右しか教えられないんですかねぇ……」と自虐気味に笑った。

「基本的には同じように教えています。それがいけないのかどうかわかりませんが、左となると難しいですね。どうしても、コントロールが荒れる子が多い。メカニズムが違うとも聞きますし。左投手の育成に長けた佐々木洋監督（花巻東高）に聞くこともあるんですけど……、佐々木監督は本当にすごいですね」

日体大の辻孟彦コーチ（P179）が、右投げと左投げの違いについてこんな話をしていたことがある。

「小さい頃から、右投げの子はピッチャーをやらないときにもショート、セカンドを守る機会が多いですが、左投げはファーストや外野に限定されてしまう。運動神経が磨かれやすい子どもの頃に、この環境の違いは結構大きいと思います」

たしかに、ピッチャーのフィールディングを見ても、右投げのほうが軽快にさばく印象がある。この話を長谷川監督に伝えると、「なるほど！　まったく考えたこともなかったです。指導のアイテムがひとつ増えました」。当然、全投手にあてはまるわけはないが、私自身も一理あるように感じている。

それにしても、軟式出身者からこれだけの本格派が続いていくのも、なかなか稀有なことではないだろうか。「ピッチャーは軟式出身が伸びる」とは以前から何となく思われているところだが、長谷川監督はどう感じているのか。

「中学から高校でボールが変わることによる、ワクワク感がありますよね。いい意味で、どこまで成長するかの計算が立たない。そこが、面白いですよね」

中学3年生のときに、ストレートの最速が130キロを超えていたのは古屋敷ぐらいで、あとは125キロ前後。決して、Sランクのピッチャーではない。それが高校3年間で、軒並み20キロ近いスピードアップに成功した。

体に関しては、食事とトレーニングで鍛えている。63キロで入学してきた内沢は、卒業時には98キロにまで増えた。バランスのいい食事が大事なのは言うまでもないが、学校の寮で食事にかける予算を考えると、なかなか理想どおりにはいかないもの。間食で甘いお菓子を食べて、カロリーを摂ることもあるという。

「あとは走る量を減らしました。今、ヤクルトでプレーしているOBの内山太嗣が、社会人でプレーしているときに『先生、あんなに走らせていたら痩せますよ。体重が増えないのは当たり前です』と注意されたことがあって、そこから考えるようになりました」

今から6年ぐらい前の話だという。ポールとポールの間を走る「PP走」を取り入れているが、もっとも走っていた時期に比べれば、半分程度の本数に減らしている。

走り込みの量を減らす一方で、監督に就任した当時から変わらぬメニューが、「サスケ」と命名したサーキットトレーニングだ。懸垂、坂の上り下り、ジャンプ、側転など、多種多様なメニューがあり、テレビ番組『SASUKE』の八戸工大一バージョン。心肺機能や下半身の強さ、敏捷性などを一挙に鍛え上げる狙いがある。

投手にとってもっとも重要なのは球速
球速を生み出すポイントは体重移動

長谷川監督自身、球速へのこだわりはどれほど持っているのだろうか。地元のスポーツ新聞には、「『剛腕製造工場』の異名を持つ長谷川監督」と紹介されていたこともあった。

「ボールの速さは、一番重要だと思っています」

一番ですか……!

「もちろん、コントロールも必要ではありますけど、スピードがあれば多少のボール球でも手を出してくれますから。バッターにとって見極める時間が短くなることは、芯でボールを捉える確率を減らすことにつながる。スピードがあったうえで適度に荒れているぐらいのほうが、抑えられる印象はあります」

ストライクを取るために置きにいく気持ちで投げるなら、腕を目一杯振って勝負を挑む。絶対的な球速のレベルを上げておかなければ、八戸学院光星や青森山田の強打線を抑えることはできない。

ならば、球速を生み出すためのポイントはどこにあるのか――。

「下半身の使い方にあると思います。具体的に言えば、体重移動。よく、『軸足の股関節に乗せなさい』という指導がありますが、それを意識するあまりに沈んでしまうピッチャーが多くいます。沈むのではなく、股関節に入れる。そうすることで、股関節の周りにある大きな筋肉も使いやすくなると思っています」

ただ、「股関節に入れる」という感覚を伝えるのはなかなか難しい。そこで、八戸工大一高では、股関節の可動域を広げる体操を実践している（写真P82～83上）。股関節の動きを意識しながら、骨盤を右回り、左回りに動かしていく。

「私の考える体重移動は、最初に軸足一本で立ったのであれば、最後は踏み込んだ前足で立

動

動

股関節の可動域を広げる体操

股関節の入れ替え

つ。その基点となるのが股関節で、『股関節の入れ替え』と表現しています」

本格的なピッチングに入る前には、通常のステップ幅よりも狭めたスタンスで、股関節の入れ替えを意識したキャッチボールを取り入れている（写真P82～83下）。両足を固定した状態で、あえて動かさない。両足が地面に接地しているほうが、股関節を入れ替える感覚を掴みやすいメリットがある。

股関節の動きを高めたあとには、同じスタンス幅のまま、前足の股関節にすべての体重を移し替えていく。軸足（右ピッチャーの右足）の裏が空を向くぐらい、跳ね上がってくるのが理想となる。そして、跳ね上がった軸足が前足を追い越し、キャッチャー側に着地する（写真P86～87）。

「最終的には股関節を入れ替える流れで、右ピッチャーであれば右足がキャッチャー方向にまで踏み出される。ピッチャーからキャッチャー方向に一本のラインを引いたとすれば、右足も左足もすべてライン上に乗ってくるように、指導しています。（写真P86～87）。とにかく、体重が後ろに残るのがイヤなんです。速い球を投げることを考えたら、体重を前足に乗せ切ったほうがいいのかなと思っています」

ただ、このときに右ピッチャーと左ピッチャーで違いを感じるそうだ。

「左ピッチャーは、最後のフィニッシュでちゃんと立てない子が多いんですよね。だから、コントロールが暴れるのかなと。それが左ピッチャーの特徴なのかもしれません。足がぶれる子には、『ピッチングマシンでも、下を固定しているから、安定した球が投げられるんやろう。フィニッシュで流れるのは、固定していない状態のマシンと一緒ちゃうん?』と言っていますね」

もうひとつ、速球派によく見られる動きを意識的に取り入れている。踏み込んだ前足を、自分の体のほうにグッと引き寄せる動作だ。88～89ページの写真を見るとわかりやすい。一時期、大谷翔平がやっていたことで、話題になったことがある。

「『前足を引っ張ってきなさい』という伝え方をしています。これはかなりうるさく言いますね。引っ張ろうとすることで、体重が前に乗りやすくなる。そのためには、かかとから着地させること。つまさきから着地すると、引っ張る動きはできなくなります」

体重を移動させることを考えても、かかとから接地して、つまさきに重心を移していくことが自然な動きになる。長谷川監督は「歩行と同じ動作」として教えている。

角度に対するこだわりもあり、ピッチャー陣のキャッチボールでは長谷川監督お手製の台を使用する。

動

体重移動

前足を引っ張る動作

「ピッチャーは、マウンドから投げるのが仕事です。常に意識してほしいのは、高いところから投げ下ろす感覚。目線を上から下に向ける。リリースで、ボールを叩くイメージを持たせています」（写真P91）

バレーボールのスパイクのように、上から下に叩く。頭の中にこの意識があれば、ヒジの位置が下がって、ボールを押し出して投げるのを防ぐこともできる。特に上背があるピッチャーほど、リリースの打点を大事にしている。

コントロールの基本はダーツにあり「前」ではなく「奥」でリリースする

前足を引っ張る動作を意識しすぎると、「球速が出る分、コントロールが高低にぶれやすい」と考える指導者もいる。「多少は荒れ球でもいい」と話す長谷川監督だが、このあたりはどう捉えているのだろうか。

「テイクバックを修正することはほとんどありませんが、腕の使い方については、『顔の近くにヒジを通すように』と教えています（写真P92）。キャッチボールから意識をさせていて、やっぱり、顔から離れるピッチャーはコントロールが不安定。『コントロールの基本はダーツ』と言うこともありますね。『この一投で勝負が決まる』という場面になればなるほど、

台を使って、投げ下ろす感覚を養う

腕の使い方はダーツの考えがベース

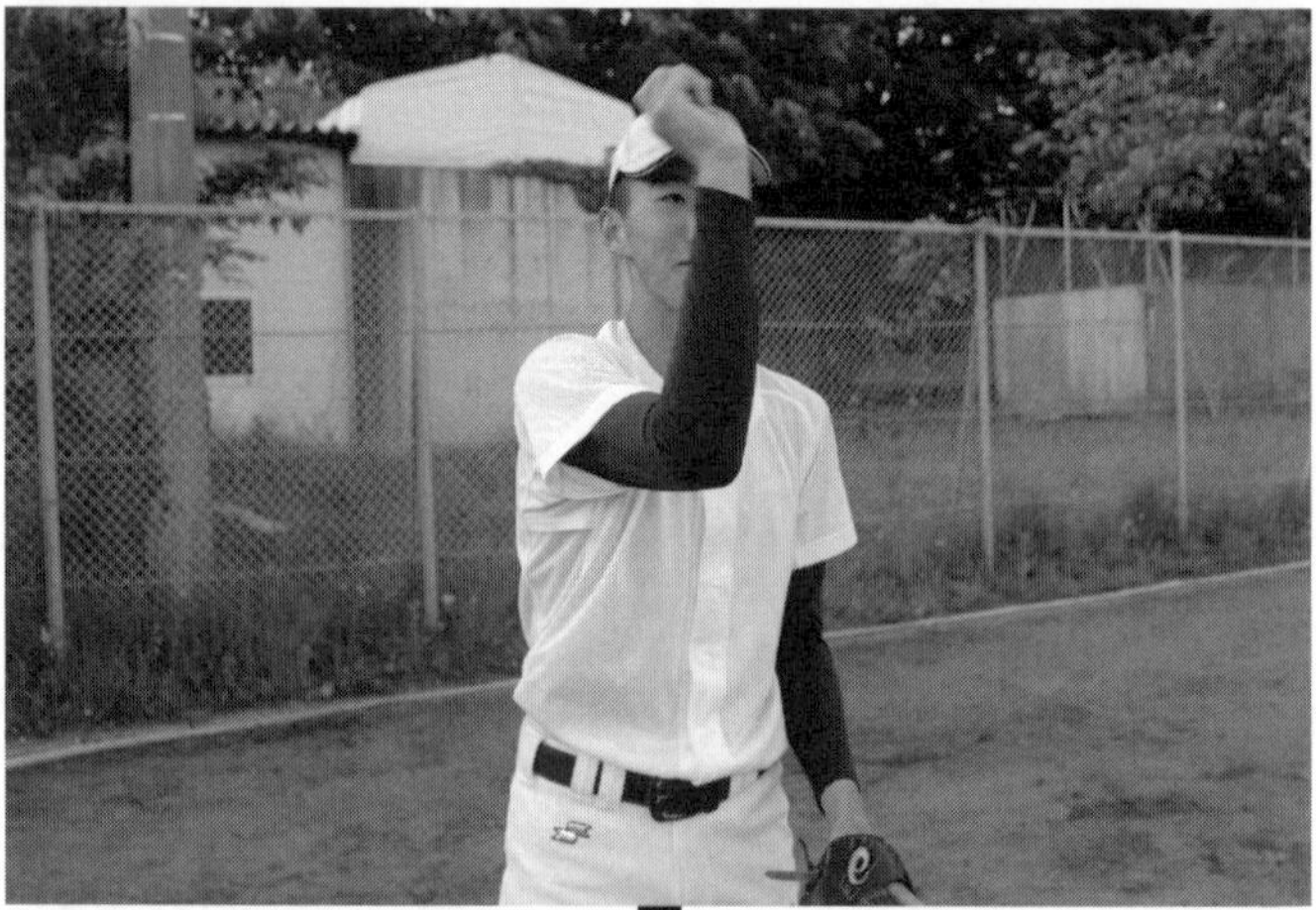

自分の顔の近くに持ってきて、目の前で離そうとするはずです」

ダーツの考えをベースにしたうえで、ピッチングでは「〝奥〟でボールを離しなさい」という言葉もよく使うという（写真P94）。

「『前（＝キャッチャー寄り）で離しなさい』という言葉があると思いますが、私が使うのは『奥』ですね。『手前』と『奥』を使いわけています」

手前＝リリースのタイミングが早いということだ。つまりは、球持ちをどれだけ長くできるか。それが、『奥』という言葉に集約されている。利き手が頭から離れていくと、奥で離すことも難しくなってしまう。

利き手と頭の距離が開く原因のひとつに、グラブの使い方がある。最速149キロ右腕の黒田に聞くと、「コントロールを決めるのは、グラブが8割だと思っています」と自身の考えを教えてくれた。

「グラブを縦に使って、体の中に収めていく（写真P96〜97）。1年生の冬にこの使い方に変えてから、球がいくようになりました。それまではグラブを横に使っていて、オーバースローの体の使い方と合っていませんでした。今も疲れてくると横になる傾向があるんですけど、腕の振りが横になって、シュート回転で抜けていきやすい。そうなったときは、

奥でボールを離す

腕の振りを意識するのではなくて、グラブの使い方を修正するようにしています」

縦で収めるだけでなく、さらに加速させるイメージも持っている。

「収めたあとは、自分の体の後ろのほうに『ギュン！』と引くようにしています。この使い方をしてから、右側が勝手に出てきて、腕が走りやすくなりました」

長谷川監督曰く、これもまた球速を出すためのポイントになるようだ。

「種市も、『グラブを後ろに引くと、腕が走ります』と言っていたことがありました。引くことによって、右側が出る。ただ、引く意識が強いとバランスを崩すことがあるので、縦に収めることを忘れさせないようにはしています」

じつは、グラブを縦に使うことは、長崎・大崎高の清水央彦監督から教わったことでもある。ピッチャー指導に悩んでいるときに、清水監督が指導していた清峰高（当時は部長）にまで足を運び、投手指導に対する考えを学んだ。太い縄跳びや丸太を使ったトレーニング（写真P98）に力を入れているが、これも清峰高での学びが大きなヒントになっている。

コントロールの話に戻ると、基本的なことすぎて忘れがちであるが、プレートに置く軸足の角度にも注意を向けている。プレートに対して軸足を平行に置き、軸足の内側をホームベース方向にしっかりと向ける。この向きがずれてしまえば、コントロールにぶれが生

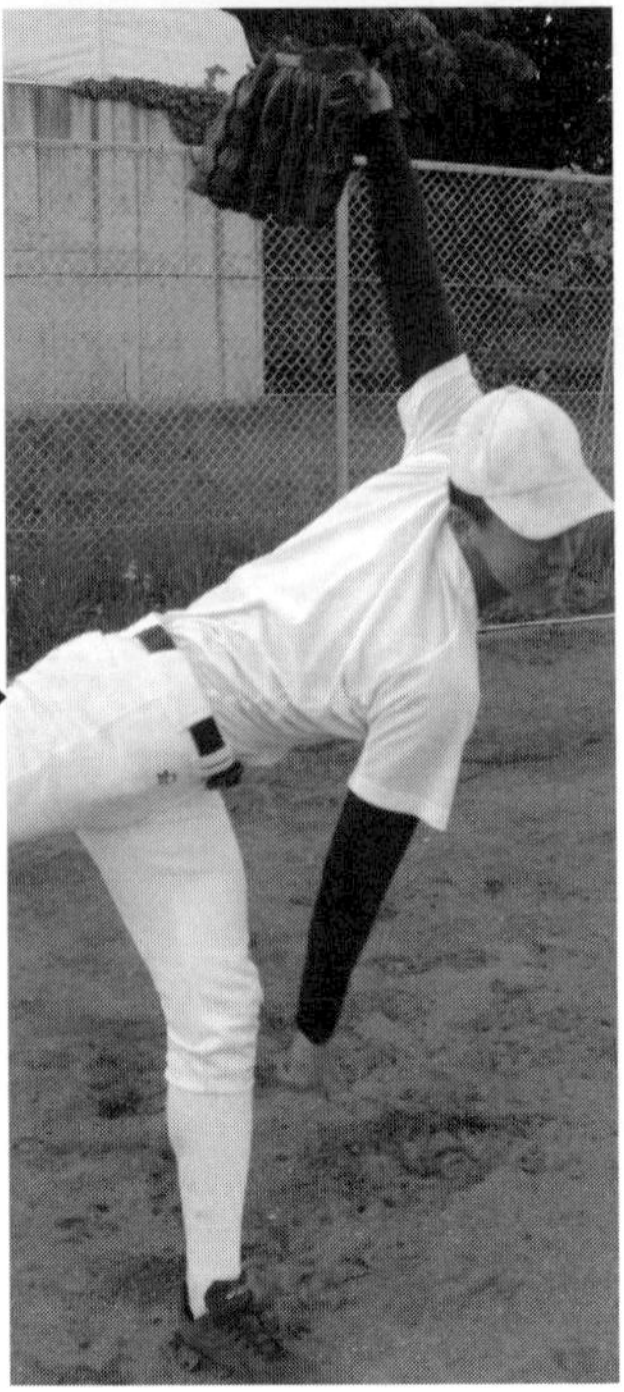

グラブを縦に収める

丸太を使ったトレーニング

じるのは当たり前のことだ。

100~101ページの写真は、軸足の角度を意識した練習メニューとなる。斜め前にいるパートナーがトスしたボールを受けたあと、軸足だけで1歩、2歩ジャンプして、投球モーションを起こす。2歩目では、地面に置いた棒を飛び越えるようにする。ジャンプをしても軸足の向きがずれないことと同時に、軸足の股関節に体重を乗せる意識を植え付けていく。

ブルペンではフックボールを意識
右上手投げはプレートのやや三塁側

ブルペンでは、18．44メートルからのピッチングをする前に、25メートルほどのキャッチボールを取り入れている。遠投とは違い、目線の高さでボールを投げることによって、球の回転をチェックすることができる。
「グラブの使い方が悪かったり、手が頭から離れたりすると、どうしてもシュート回転してしまいます。18．44メートルよりも球筋がはっきりとわかるので、この距離でのキャッチボールを大事にしています」（黒田）
キャッチャーはホームベースの真ん中ではなく、あえて右バッターのアウトコース寄り

動

軸足ジャンプトレーニング

に構える。右ピッチャーの黒田からすると、クロスに投げ込むことになる（写真P103）。長谷川監督がその狙いを説明してくれた。

「理想の球筋は、フックボールだと考えています。右バッターのアウトコースにクロスの角度に入っていく。それが、奥でボールを離すことにもつながっていきます。こう考えると、右ピッチャーのプレートの位置は真ん中からやや三塁側を踏んだ方が、腕を振ってクロスボールを投げやすいと思います」

三塁側の端を踏むと、クロスの角度がきつすぎてしまい、体に負担がかかる。さらに右バッターの外を狙ったストレートがシュート回転で甘く入るリスクもあるため、「やや三塁側」を踏むことが、長谷川監督が考えるベストの位置となる。左ピッチャー対左バッターであれば、「やや一塁側」を踏む。

これが、サイドスローになるとまた考え方は別だ。

「タイプにもよって多少の違いはありますが、右のサイドスローに関しては、一塁側を踏むように教えることが多いです。サイドの武器は、右バッターのインコースにナチュラルで食い込んでいくストレートです。左バッターに対しては、外に逃げるような軌道にしていきたい。そう考えると、三塁側よりも一塁側のほうがサイドの特徴が出やすいのかなと思

25メートルほどのキャッチボール

います」

右のオーバースローとは逆の角度のクロスボールを生かす。

サイドスローに関しては、基本的な技術指導は上投げと同じ。軸足の股関節に入れるところから始まり、体重移動を重視する。唯一違うのはグラブの使い方であり、縦に収めるのではなく、横に収める。これもまた、大崎高の清水監督からの学びである。

高校入学後にサイドに転向するケースが多く、長谷川監督はキャッチボールやシートノックでのスナップスローをひとつの判断材料にしている。ヒジから先の使い方が柔らかく、さらに股関節の柔軟性に優れた選手は素質あり。今、神奈川大でプレーしている和田楓雅（3年）は、中学時代はサードだったが、スナップスローの柔らかさに魅力を感じた長谷川監督が、高校でアンダースローにチャレンジさせた。高3夏にはアンダースローで130キロ台中盤を投げるまでに成長し、同学年の向井とともに投手陣を支えた。アンダーもサイドと同様に、プレートの一塁側を踏むことを基本にしている。

投手陣全体のブルペンでの球数は少しずつ、減ってきているという。古屋敷がいた頃には、冬場に1日200球を投げるのも珍しいことではなかった。「ピッチャーは投げることによって、投げる力を付ける」。この考えは今も変わっていないが、肩ヒジへの負担も考慮するようになった。

「ピッチャーによって、体力面の違いがあるので、一律で球数を設定するようなことはしていません。ブルペンの近くに球数を記入するチェックシートを置いて、投げ終わった選手が球数、今日投げてみて感じたこと、クイックのタイムなどを書き入れるようにしています。私がすべてのピッチャーを見ることはできないので、そのシートを元に面談することもあります」

クイックの目安は1．2秒以内。高校生にしてはなかなかハイレベルだ。

「タイムを取ることで、選手自身が意識するようになります。前足を上げる高さを低くする中でも、軸足の股関節にしっかりと入れるように指導しています」

背が高いピッチャーほど、速く動くことはどうしても苦手で、身長187センチの黒田もクイックに対する苦手意識があったという。長谷川監督と相談しながら、セットポジション時のグラブの位置を胸の位置から、顔の高さに上げた。すると、利き手とグラブを割る動作が一瞬で作れるようになり、1．2秒以内で投げられるようになったとのこと。ちょっとしたことであるが、グラブの高さを変えるだけで、タイムを縮小できる場合がある。

ストレートがあってこその変化球
ストレートへの影響を頭に入れる

変化球に関しては、「ストレートの球速が上がっていけば、変化球のキレも上がっていく」という考えが基本にある。ストレートが伸びていないのに、変化球だけどうにかしようとしていては、どこかで頭打ちがきてしまうものだ。

「スライダーやカットボールを引っ張りボールと呼んでいるんですけど、今の子たちは引っ張りボールばかり投げる傾向があります。近年の高校野球を見ていると、バットをボールのラインに入れて、面で打つことを教えている学校が多い。あのスイング軌道に一番合いやすいのが、スライダー系。抑えることを考えたら、フォークやチェンジアップの縦変化はほしいですね」

握りに関するアドバイスはするが、最後に感覚を掴むのはピッチャー本人。あまり細かいことは言いすぎないようにしている。

変化球をマスターしていく過程において、監督の立場から気をつけているのが「ストレートに悪影響が出ないかどうか」。かつて、こんなケースがあった。

「古屋敷が2年生の春に、カーブを練習させました。ストレートはすでに140キロを超えるぐらいの力があったので、カーブを覚えることで緩急を付けさせたかったのです。カーブがあれば、配球にワンクッション入れることもできる。ホームベースの上にバケツを置いて、『ここに落としてくるイメージで』という練習もしました。カーブ自体はいい感じの抜け具合になったんですけど、ストレートが130キロすら出なくなってしまいました。それで、『お前の売りは速いストレートだ。それがなくなったら意味がない』とすぐに中止。あんなにも悪影響が出るのかと、びっくりしましたね」

「投球の幅」を広げるために取り組んだことではあったが、自分の武器が消えてしまっては意味がない。長谷川監督が、古屋敷の指導から学んだことでもあった。

「やっぱり、腕の振りが緩んでしまうのが一番怖いですよね。これは実験みたいなものですけど、呼吸を変えることで緩急を付けられるのではないかと、試してみたこともあります。どんなピッチャーもリリースの瞬間には『フッ!』と本能的に息を吐いていると思います。息を吐くことで、一瞬で力を生み出すことができる。じゃあ、フォームも握りも同じように投げる中で、息を吸って投げたらどうなるか。力を出しづらくなるので、球速が落ちるのではないか。それが成功したかどうかはわかりませんが……、結果としては少しだけ遅くなりましたね。これは種市にも試してみたことがあります。今、活用しているかはわかりません（笑）」

大事なことは、創意工夫することにある。「これを試してみたら、どうなるだろうか」と仮説を立てて、実行に移して、考察をする。特に変化球は多種多様な投げ方、握り方があるだけに、研究のしがいがあるものだ。

「自立」が成長につながる 将来の目標設定を明確にする

毎年のように、将来性豊かなピッチャーが育つ中、高卒でそのままプロに進んだのは種市のみ。ほかのピッチャーにもスカウトから声がかかっていたが、高校在学時に「プロ志望届」を提出することはなかった。

「種市は、自分をしっかりと持った子でした。いい意味でのガンコさがあって、自立している。自分で考えて練習ができる子だったので、『高卒でプロに行きなさい』という話をしました」

「プロ」野球選手の言葉どおり、野球をやることが職業になる。チームが優勝しようとも、己の成績が悪ければクビになる、完全な個人事業主だ。自ら高い目標を持って取り組めるかどうか。集団に群れてしまうような選手であっては、生き残れない世界だ。

「高校生を教えるうえで、ある程度の強制は必要だと思っています。指導者の指示で、やらせることもたくさんあります。その取り組みの中で、『球が速くなった』『いいボールを投げられるようになった』と成長の実感があれば、きつい練習であっても、『もっと頑張ろう！』と前向きな気持ちが生まれてくるものです。そこのところまで、引っ張ってきてあげたいと思っています」

そういった意味で「球速」はわかりやすい指標になるだろう。ピッチャーの本能としても、自己最速が1キロでも速くなれば、嬉しいものだ。「ピッチャーは球速だけではない」とよく言ったものだが、それは球速が出るようになってから考えればいいこと。速い球を持っていれば、上で野球をやれる可能性も広がっていきやすい。

「進路に関する話は、しょっちゅうしています。将来どうなりたいのか、短期目標設定シートから、長期目標設定シートまであり、1週間に1回のペースで目標設定を書くようにしています。甲子園で勝ちたい、関東の大学に進みたい、プロ野球選手になりたい。じゃあ、そのためにはグラウンドで何をしなければいけないのか、野球以外のことで何が必要なのか。自分で考えて、実行に移していける子はやはり成長していきます」

八戸工大一の強みは、先輩が活躍していることにある。先輩の歩む道が、現役生にとっての道標になっている。プロに行くことも決して夢物語ではない。高卒プロを目指す黒田がこんな話をしていた。

「1年生の頃に、長谷川先生から『篤暉（種市）と匠真（古屋敷）は、おれが言わなくても、自分で走っていたよ』という話を聞いてから、自分からやらないといけないと思うようになりました。自分は体が細くて、体力もないので、食べることも走ることも自分でやるようにしています」

右の本格派が続々と生まれる八戸工大一。長谷川監督が大事にする中学生のリクルートと育成メソッド、そして手本となる先輩の姿が在り続ける限り、今後も逸材投手が生まれていくはずだ。

元中日ドラゴンズ

吉見一起

INTERVIEW

「球界屈指のコントロールの磨き方」

センスではない
毎日徹底的に考え、技術を追究せよ

中日ドラゴンズのエースとして最多勝を2度獲得し、防御率1点台を2度も記録した吉見一起さん。最大の武器は、針の穴を通すかのようなコントロールだった。特に右バッターのアウトローに投げ込むストレートには、芸術的な美しさがあった。いかにして、コントロールを磨いてきたのか。「考える力の勝負」と語る吉見さんに、プロでの取り組みを語ってもらった。

PROFILE　よしみかずき　1984年生まれ、京都府出身。金光大阪高3年春に選抜出場。卒業後はトヨタ自動車を経て、2005年ドラフト希望枠で中日ドラゴンズに入団。4年目の09年に16勝で最多勝に輝く。10年は12勝、11年には18勝・防御率1.65で最多勝、最優秀防御率、最優秀投手、ベストナインの4冠。13年以降はヒジの故障に悩まされ、2020年現役引退。現在はプロ野球解説者として活動する。

軌道のイメージを描くことから始まる
最後は「考える力」の勝負になる

――「吉見さん＝コントロール」という言葉が浮かぶぐらい、現役時代の吉見さんはコーナーを突く制球力に長けていた印象があります。今日はぜひ、コントロールを良くするための極意を教えてください。早速ですが、「コントロールを決めるカギ」は何だと思っていますか。

吉見　そうですね、イメージができるかどうかが一番大きいと思います。キャッチボールのときも、マウンドに上がったときも、リリースからミットまでの軌道をしっかりと描くことができるか。私は「ライン」という表現をよく使いますが、ラインをイメージできなければ、なかなかコントロールは良くなっていきません。

――リリースからミットまで、糸を引っ張っているような感覚でしょうか。

吉見　そういうことです。どれだけのキャリアを積み重ねても、自分の状態によって、イメージできる日もあればできない日もあります。相性が悪いバッターと対するときは、ラインをどれだけ描こうと思っても、イメージしにくい場合もあるものです。

――実際のピッチングでは、セットに入ったタイミングでイメージするものですか。

吉見　サインを見終わって、キャッチャーミットを見たときですね。ストレートであれば真っすぐのラインであり、変化球であればこういう軌道で曲げる、落とすというイメージを常に持つようにしていました。

――その感覚はプロに入ってから養われてきたのでしょうか。

吉見　そうですね、具体的には2009年シーズンの途中ぐらいからです。各チームに一流のバッターがいて、簡単に抑えることができない。打たれるイメージが強くなっていた頃でした。

――吉見さんにとって入団4年目。前年には初の二けた勝利（10勝3敗）を挙げていますが……、それでも打たれるイメージがあったのですね。

吉見　ぼくが160キロのストレートを投げられるのならまた違いますけど、どんなに頑張っても140キロ台後半。速いボールだけではこの先、厳しい。それに気づかせてくれたのが、青木（宣親）さんであり、小笠原（道大）さんでした。それ以前にも、先輩やコーチから「しっかりと投げ切るコントロールが必要じゃないか」と言われていたんですけど、自分が打たれる経験をしてから、理解できたところがあります。「自分はコントロールで生きていこう」と。そこから、ピッチングに対する考えが変わりました。

――結果的に2009年から16勝7敗、12勝9敗、18勝3敗、13勝4敗と、先発の柱として大活躍されました。

吉見　どうすれば、そこに投げられるのか。日々、試行錯誤です。走ることも、投げることも、ひとつひとつのメニューをこなすのではなく……、言葉が合っているかわかりませんが、「好奇心」を持つようになったと思います。「こうしたら、こうなるんじゃないか?」から始まって、「こうしたら、こうなるんだ」と正解が見えてくる。何がマルで、何がバツか。とにかく、いろいろと試す。自分の考えを押し付けることは絶対にしないんですけど、「どんな考えでキャッチボールをしているんですか?」と聞いてきた後輩にはこんな話をしていました。「たとえば、1日100球キャッチボールをするとしたら、1球1球考えて投げるか、ただ投げるだけでは、1週間で700球の差が出る。1カ月で考えれば約3000球。1年間になれば約35000球。投げるセンスや力がずば抜けていれば、そこまで考える必要はないかもしれないけど、そうでないのなら1球1球考えて投げたほうがいい」。コントロールを追求すると決めてから、「最後は考える力の勝負」「考える力が勝敗を分ける」と実感するようになりました。

「スタート」と「ゴール」を安定させる 軸足で立つときは中指と薬指を意識する

——試行錯誤する中で、具体的に見えてきたのはどんなポイントでしょうか。

吉見 阿部慎之助さんがツイスト打法で打っていると聞いたときには、ツイストで投げたらどうなるか、取り組んだこともありました。これも、好奇心ですよね。やってみてわかったのは、無理に捻る動作は必要ない、ということです。シンプルに立って、シンプルに体重を移動させる。

——「軸足で立つことから始まる」とはよく耳にしますが、吉見さんはそういう意識はありましたか。

吉見 ありますね。コントロールが不安定な高校生にもしアドバイスを送るとしたら、「まずは軸足で立ちましょう」と言います。ガチッと止まる必要はないですけど、自分で「しっかりと立てているな」という感覚を持ってほしい。ここでぐらぐら揺れているようでは、当然、体のバランスも崩れてきます。立ったあとには体重をキャッチャー方向に移動させて、投げ終わったあとにも前足でしっかりと立つ。軸足で立つことが「スタート」としたら、踏み込んだ前足で立つのは「ゴール」ですよね。「スタート」と「ゴール」がよければ、立つてからフィニッシュまでの過程もいい、という考えになります。プロ野球を見ていても、フィニッシュで体重が流れるようなピッチャーは、たとえ球速が出ていたとしても、コントロールは悪い傾向にあります。もし、ゴールでバランスが崩れるようなら、「何が原因なんだろう?」と自分の頭と体でとことん考えてほしいですね。

――考えることから、すべては始まる。

吉見 ぼくも、フィニッシュがうまく取れないときがあります。長年の経験の中でわかったことは、フォームが崩れる原因は「体重移動のときに右ヒザが早く折れるか」「前足が着地する前に左肩が開くか」、このどちらかです。右ヒザが早く折れると、ヒジの位置が低くなって、リリースでボールを押し出してしまう。左肩が早く開けば、リリースがずれてくる。「ちょっとおかしいな」と感じたときには、スタートからゴールまでの動きを振り返って、特にこの2つをチェックするようにしていました。疲労がたまっているときは、体の動きが悪くなるので、意識してもなかなか直らないのが難しいところですけどね。

――「軸足で立つ」にも人それぞれの感覚があると思います。

吉見 若いときと、年齢を重ねてからでは意識の持ち方が変わりました。若いときは母指球に意識を置いていましたが、それでは体が突っ込みやすい感じがあったので、右足の中指と薬指で立つ感覚に変えました。なぜ変えたかというと、軸足で最後までプレートを蹴りたかったから。前足が着いたときであっても、まだ軸足がプレートに残っている。感覚的には、体重を移動させるときに軸足でプレートを押して、前足が着地したときにもう1回押す。実際に力を加えられていたかはわかりませんが、中指と薬指で立つようになってから、「2回押し」ができる感覚が生まれてきました。これが、母指球に意識があると、軸足がプレートから早く離れそうになるんです。ただこれは、人によって感覚が違うので、あくまでも「自分はこのやり方が合っていた」ということ。そういった意味でも、キャッチボールのときからいろんなやり方を試してほしいのです。ぼくは何年もかけて、中指と薬指に辿り着きました。

――試行錯誤の末、自分で掴んだからこそ意味があるのでしょうね。ちなみに、プレートには足をかけていましたか？

吉見　それは、球場によりますね。プレートの土が深く掘れる球場はかけるのが難しいので、プレートの前に置いていました。プレートを押すことを考えると、スパイクの外側半分を乗せられるのが理想。ナゴヤドームは土が硬く掘れにくいので、半分乗せるようにしていました。

――球場のマウンドの硬さによって、ベストな方法を探していく必要があるのですね。

吉見　基本的な考えがあったうえでの微調整は必要です。「突貫工事」という言い方が合っているかわかりませんが、たとえば、軸足で立ったときに違和感を覚えた場合には、つまさきの上げ下げで調整していました。

――どういうことですか？

吉見　軸足で立ったときに、左足のつまさきを上げると、ふところを広く感じられて、つまさき荷重を作りやすいんです。逆に、つまさきを下げると、かかと荷重になりやすい。「今日はかかとに乗りすぎているな」と思ったときにはつまさきを上げて、逆に前屈みになりすぎているときは、つまさきを下げる。あくまでも応用編ですが、しっかりと立つために、自分の中で見つけたポイントです。

体重移動＝横向きの時間を長く作る左肩をターゲットに合わせていく

――体重移動に関しては、どんなところを注意していましたか。

吉見　ピッチャーにとっては「体重移動が命」と言ってもいいぐらい大事なものです。今、トヨタ自動車でピッチャーの指導に携わっていますが、「横を向いている時間を長くしよう」

という言い方をしています。前足がまだ着地していないのに、体の回転が始まってしまうと、必然的に横向きの時間は短くなります。

――「横向きの時間を長く」とよく耳にしますが、その狙いはどこにあるのでしょうか。

吉見　間合いができることで、手がトップに上がってくるまでの時間を作ることができます。横向きの時間があれば、トップの位置が安定して、コントロールも安定しやすい。体重移動の時間がずれてくると、トップもずれてきます。

――移動を長く取るために、どんな心がけをしていましたか。

吉見　横向きの時間をどれだけ我慢して、作ることができるか。その我慢の仕方は人それぞれだと思いますが、ぼくは左肩に〝目〟がある意識を持っていました。左肩を投げたい方向に常に向けておく。左腰でも左ヒザでもいいと思います。キャッチボールから試す中で、自分に合っているポイントを見つけてみてください。

――吉見さんの投球フォームの特徴として、グラブを持った左手をキャッチャー方向にグッと突き出す動きがあります。あれは、ラインに入れる意識からくるものでしょうか。

吉見　よく言われるんですが、グラブを突き出しているのは無意識です。それでも、「ラインに入っていこう」という意識がそうさせているのだと思います。頭に描いているのは、グラブを持った手ではなく、左肩をターゲットに合わせることだけです。以前は、ヒジを合わせていたこともあったんですけど、肩のほうがシンプルでわかりやすいなと思うようになりました。肩で合わせるときに、左肩を少しだけ内側に入れるようにしていて、それによって肩の開きを我慢できる利点もあります。

――グラブの使い方は、胸のほうに引いたり、グラブのほうに自分の体を持っていったり、ピッチャーによってさまざまな身体感覚があると思います。

吉見　「グラブを引いて、加速しなさい」と教わったこともありますが、自分には合いませんでした。そもそも、グラブを引こうとすると、毎回毎回、引く位置がずれてしまうんです。グラブが収まる位置が数センチでもずれると、リリースの位置もずれていく。そう考えると、コントロールを高める確率が必然的に低くなってしまいます。ぼくの場合は、「肩を入れ替える」という感覚を大事にしていました。左肩を投げたい方向にグッと向けたあと、左肩があったところに右肩を入れていく。実際の動きとしてはグラブを引いていることになるんですが、グラブを引く意識はまったく持たなくなりました。

キャッチャーミットは「ぼわっ」と見る キャッチボールでは相手の右肩を狙う

――コントロールを良くするために、「キャッチャーミットを見なさい」という指導法も聞きます。

吉見　これもいろいろと試したんですが、ぼくの場合は左足を上げたときに視線を一度落としたほうが無駄な力が入らないことがわかりました。足を上げたときからずっとキャッチャーミットを見ていると、見過ぎることで力が入りすぎてしまうんです。感覚的な表現ですが、ミットは「ぼわっと見る」。見過ぎないように注意してほしいですね。

――もうひとつ目線の話ですが、リリースの瞬間を撮影した写真を見ると、目でリリースを確認しているように見える場合があります。右ピッチャーであれば、右目の端でリリースを見る。吉見さんの中に、「リリースを見る」という感覚はありましたか。

吉見　それは、キャッチボールで時々やっていました。実際に、目で見えるところでリリースをすることはないと思うんですが、「球離れが早いな」と感じるときにはあえて見ようとする。チラッと見えるぐらいのところまで、ボールを持ってくることで、前(＝バッター寄り)で離すための意識づけをしていました。

――なるほど、リリースポイントの修正で使うわけですね。こうした動きの習得は、バッテリー間と同じ18・44メートルで行うことに意味があるのでしょうか。

吉見　コントロールを重視するのであれば、もっと短くていいと思います。ぼくがよくやっていたのは、キャッチボールでもピッチングでも13〜15メートルの距離で、狙ったところに投げる練習です。短い距離の中でラインをイメージして、そこに投げる感覚を養っていく。結構大事なことだと思います。

――キャッチャーは座らせるのですか？

吉見　ブルペンに入るのなら、キャッチャーはすぐに座らせます。キャッチボールは別にして、ピッチングをやるのであれば立ち投げは意味がないと思っています。ピッチャーがその角度で投げることは、試合ではないことですよね。キャッチャーに向かう角度の中で、ラインを作っていくことが重要です。

――ブルペンでの投球練習で、大事にしていたことはありますか。

吉見　ひたすら、アウトコースのストレートを練習します。右バッターのアウトローですね。さきほどの球持ちを長くする話とつながりますが、体の使い方として対角線のストレートが一番しんどいものです。球離れが早いと、アウトローには投げられませんから。ぼくの感覚としては、「右バッターのアウトローに投げられれば、インコースはいつでも投げられる」。だから、アウトコースに比べると、インコースはほとんど練習しませんでした。

――吉見さんならではの考えかもしれません。

吉見　この考えは、キャッチボールでも同じです。相手の右肩を狙って投げることで、クロスの角度になります。左肩に抜けていけば、球離れが早いということですよね。抜ける球があれば、「どこがおかしかったのだろう?」と自分の動きを修正する。最初にお話ししたように、「キャッチボールの1球1球を考えて投げる」とはこういうことです。

――修正能力も身についていきそうですね。

吉見　遠投をやるときにも、常に相手の右肩を狙うようにしていました。距離が開けば開くほど、ピンポイントで投げられることはほとんどないですけど、狙う意識を持つことが大事だと思います。毎日やっていけば、自分の中の感覚は必ず研ぎ澄まされていきます。

「的」の見方でコントロールは変わる 真ん中に投げにくいピッチャーも存在する

――コントロールを意識するあまりに、腕が振れなくなってしまい、イップスのような症状に陥るピッチャーもいるかと思います。後輩からそうした相談を受けることはありましたか。

吉見　イップスの悩みを受けたことはないですが、「どういうイメージで投げていますか?」とはよく聞かれましたね。

——ストライクゾーンを何分割にするか、といった話でしょうか?

吉見　まずはそこですね。コントロールに自信がないのであれば、「4分割（アウトハイ・アウトロー・インハイ・インロー）ではなく、2分割（インサイド・アウトサイド）でもいいんじゃない?」という話をしていました。

——狙いすぎるあまりに、体が動かなくなることも考えられますよね。

吉見　「あそこに投げなくちゃいけない」と思えば思うほど、体は力むものです。さきほど、「キャッチャーミットをぼわっと見る」と言いましたが、そのぐらいの感覚がちょうどいいと思います。これは、柳（裕也）にも伝えたことで、狙うべき的（＝キャッチャーミット）をどう見るかによって、投げるボールも変わってきます。構えたミットの一点を集中するのではなく、的を広げてあげる。たとえば、右バッターのアウトローに構えているのなら、もうひとつボールゾーンに的を広げて、「ボールになってもいい」と思って投げるようにしていました（図P125）。シュート回転で甘く入ってしまうことだけは、絶対に避けなけ

コースを狙うときは的を広げる

■右打者のアウトローの場合

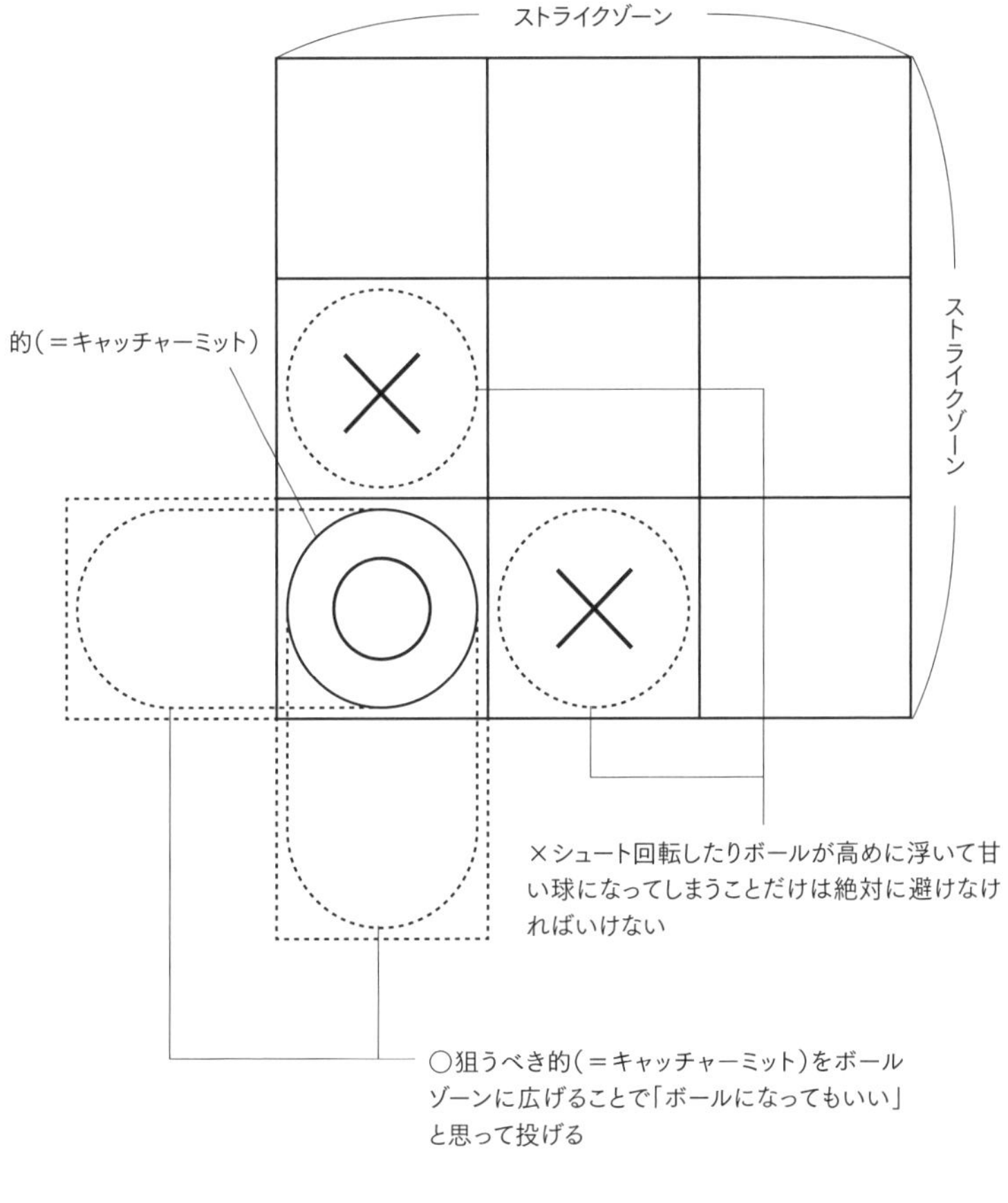
ストライクゾーン
ストライクゾーン
的(＝キャッチャーミット)
×シュート回転したりボールが高めに浮いて甘い球になってしまうことだけは絶対に避けなければいけない
○狙うべき的(＝キャッチャーミット)をボールゾーンに広げることで「ボールになってもいい」と思って投げる

ればいけません。

――「ストラックアウト」の2枚抜きを狙うようなイメージでしょうか。

吉見 そうですね、それに近いかもしれません。

――キャッチャーの構えによっても、投げやすさは変わってきますか。

吉見 もちろん変わってきます。「的」ですからね。キャッチャーにお願いしていたのは、「3ボール0ストライクの場面でも、コースに寄ってほしい」ということです。なぜなら、ブルペンで真ん中に投げる練習はしていないからです。

――なるほど！　真ん中に構えてもらったほうが、ストライクを取れそうな感じがしますが、決してそうではないわけですね。

吉見 ぼくの場合は、ですね。でも、キャッチャーとはこうした話をしておいたほうがいいと思います。真ん中に構えられると投げにくいピッチャーも、絶対にいますからね。

――吉見さんは、イップスに近い状態に陥ったことはありませんか？

吉見 ぼくは短い距離が苦手でしたね。一番苦手だったのは、満塁からのピッチャーゴロでホームゲッツーを狙うときです。先輩方は、ぼくが苦手なのを知っているので、シートノックのときはよくプレッシャーをかけてきました（笑）。ピッチャーゴロでファーストに投げるときも、ちょっとイヤな感じはありましたね。これにはトラウマがあって、ドラゴンズのファーストは外国人選手が多かったのですが、そこまで守備範囲が広くない。横浜スタジアムの試合で、ファーストに少し高い球を投げたときにタイロン・ウッズが後ろに逸らして、ぼくにエラーが付いたことがあったんです。そこからもう投げられなくなってしまいました。そこまでは何ともなかったんですけどね。

――「投球と送球は別物」と言われることもありますが、やっぱりそういうものですか。

吉見　そうですね。短い距離であっても、キャッチャーが座ってくれれば普通に投げられます。座っている人には投げられるんですよね。

――ピッチャーだからこその悩みかもしれませんね。そのスローイングの悩みは、どうやって解消していったのですか。

吉見　最後までうまくいきませんでした。頭の中でわかっていたことは、「相手に正対しないで、半身の姿勢を作る」ということです。ピッチングと同じですね。でも、短い距離の送球になると、どうしても早く正対しやすい。そこでトップの位置がうまく作れなかったのかなと思います。

走ることで股関節が動くようになる
やらされる練習の中でも高い意識を持つ

――トレーニングについてもお聞かせください。「ピッチャーは走ることが大事だ」という声もあれば、最近は「走り込みに意味はあるのか?」という懐疑的な考えも出てくるようになりました。ピッチャーが走ることの意味をどのように考えていますか。

吉見 基本的に、ぼくは昭和の人間です(笑)。走り込みに関して賛否両論あるのは知っていますが、ドラゴンズの先輩方を見ていて感じるのは、「地道に走っている人間は強い」ということです。長く野球ができています。たとえば、山本昌さんや、岩瀬(仁紀)さん。現役であれば、山井(大介)さんもそうです。本当によく走っています。逆に、走れなくなって辞めていった先輩もたくさん見ているので、余計に走ることの大事さを感じますね。

――それは、投手寿命とどのようにつながっているのでしょうか。

吉見 股関節が動くかどうかだと思います。ぼくは、「股関節で走る」という意識を特に大事にしていました。よく、「腕を振って走りなさい」と聞きますが、ぼくの中では「足で地面を押すから、腕が振れるのではないか」という考えがありました。地面からもらった力を、いかに上に伝えていくか。外から見たときの動きは同じであっても、腕振りを意識するか、地面からの力を意識するかによって、走りの感覚はまったく違います。足はどこから動くかといえば、股関節の動きにつながっているわけです。

――学生のうちは、指導者からやらされるトレーニングも多いと思います。やらされる中で、土台となる体力を作っていくことも大事なのでしょうか。

吉見 変な言い方ですけど、高校生ぐらいであれば、「自分でやりなさい」と言ってもなかなかできないですよね。だから、指導者からやらされるのは仕方ないと思います。その中でどれだけ高い意識を持って取り組めるか。たとえば、100メートル×10本のメニューがあったとします。10本全力で走ることはまず不可能です。そうであれば、1本目、5本目、10本目にターゲットを絞って、全力で走ってみる。10本目は、疲労がたまっている中で力を出し切れるか。何らかの目的意識を持つだけで、同じメニューであっても意味合いが変わってくるはずです。

――おそらく、吉見さんは考えて取り組むことに加えて、フィードバックする力にも長けていたのだと感じます。

吉見 その自覚はないですが、野球ノートだけはほぼ毎日書いていました。入団したときに、トレーニングコーチから、「その日その日の体調は違うから、体調に合わせた対応が必要。

今日は体の状態が良くなかったけど、こういうメニューを入れたら動きが良くなったということを、毎日書き留めたほうがいい」と言われたのがきっかけです。書くことによって、記録として残ります。何か迷ったときや悩んだときに読み返すと、ヒントが見つかるものです。引退まで書き続けていました。それでも、ふがいないピッチングをしたときには、「もうえええわ！」と書かなかったときもありますけど。

――やっぱり、吉見さんでもそういう日はあるのですね。

吉見　もちろん、ありますよ、人間ですから。分厚いノートが結構たまっていったんですけど、誰にも見せませんでした。テレビ局の人に、「見せてほしい」と何度か言われたこともあったんですけどね。自分だけが見るノートで、文句もたくさん書いてあるので、絶対に公開できません（笑）。

――川相昌弘さんを取材させていただいたことがあるのですが、川相さんもノートを丁寧に付けていたのが印象に残っています（川相昌弘著『ベースボール・インテリジェンス』参照）。

吉見　長く野球をやられている方こそ、何らかの形で書き留めているはずです。類まれなセンスを持っている人は、センスだけで乗り越えられるのかもしれませんが、ぼくは不器用なタイプで、スピードもないし、変化球も特別すごかったわけではないですから。それでも何とか、プロの世界で15年できた理由は、自分が生きていくために毎日毎日、試行錯誤しながら考えていたからだと思います。考える力だけはあったのかもしれません。

「観察力」と「洞察力」でセンスを補う一流選手ほど「準備」を大切にしている

――外から見ていると、吉見さんにはコントロールというセンスがあったのではと思いますが、決してそうではないのですね。

吉見　考える大事さに、最初に気づかせてくれたのは、女子ソフトボールの上野（由岐子）さんでした。北京五輪が終わったあと、ぼくのプロ入り4年目の頃に、一緒に自主トレをしていた時期がありました。どういう展開でその話になったかは覚えていないんですが、上野さんにこんな話をされたんです。「吉見くんは、頑張っても150キロは出ないんでしょう。だったら、観察力と洞察力を磨くことで、それを補うことができるんじゃないの?」。正直、そのときは言っている意味がわかりませんでした。でも、年齢を重ねていくにつれて、上野さんの言葉が、自分の取り組みと結びついていったんです。どれだけのことを考えられるか。ぼくの場合は、コントロールを良くするためにはどうしたらいいか。もう毎日、毎日考えていました。

――身近にいる先輩から学んだこともありましたか。

吉見　たくさんありますね。「何でこの人は、ピンチになってもコントロールミスが少ないのだろう」と思えば、直接聞くこともありましたし、自分で考えることもありました。

――影響を受けた先輩はいますか。

吉見　ドラゴンズで言えば、山本昌さん、岩瀬さん、山井さん。年齢は離れていましたけど、一緒にいるのが長かった先輩方です。共通しているのは、結果が出ているときも出ていないときも、変わらずに準備を大事にされていることです。野手でいえば、和田（一浩）さんや谷繁（元信）さんからも感じることでした。

――高校生が、吉見さんと同じレベルで考えることはまだ難しいと思いますが、考えるための何かアドバイスをいただけますか。

吉見　そうですね、スピードを求めることはピッチャーにとって大事なことであるのは、間違いありません。速ければ速いほど、ピッチャーが有利になります。でも、スピードを追い求めるばかりにコントロールが乱れてしまえば、必然的に球数が多くなり、自分のピッチングを苦しめることになります。高校野球を見ていて感じるのは、「高校生はストライクゾーンが広いにもかかわらず、球数が多い」ということです。金属バットであることを差し引いても、9回で150球も160球も投げるのはさすがに多いなと。練習試合のときから、ひとりの打者を3〜4球以内に抑えるにはどうしたらいいかを考えてみてはどうでしょうか。そうなってくると、ストライクゾーンの中で勝負する技術が必要であることがわかってきます。上のレベルで活躍するにも、ホームベース上で勝負できる球が必要です。

――必然的にボール先行ではなく、ストライク先行のピッチングになってきますね。

吉見　あとは最初にお話ししたように、さまざまなことに興味や好奇心を持って、取り組んでほしいですね。自分自身で考えて、試行錯誤していくことによって、きっと新たな気づきが生まれてくるはずです。

立花学園

志賀正啓 監督

「最新機器、最新器具をフル活用。選手が自然に育つ環境を作る」

頑張るだけでは、評価はされない 数字で結果を示せ

志賀正啓監督が就任した2017年春以降、県ベスト8に4度勝ち進んでいる神奈川・立花学園。最新の機器やトレーニング用具、SNSなどをフル活用したチーム作りで、注目を集めている学校だ。投手指導には今話題のラプソードで「個性」を磨き、高校入学後にピッチャーを始めた永島田輝斗が最速150キロに達するまで成長を遂げている。激戦区・神奈川で存在感を示してきた、志賀監督の投手育成法に迫った。

PROFILE　しがまさひろ　1986年生まれ、神奈川県出身。明大中野八王子高から明大へ進学。卒業後は日体大荏原高で助監督・部長を務める。2017年から立花学園へ、同年春より現職。最新機器を駆使し、ICT（インフォメーションコミュニケーションテクノロジー）野球を掲げ、全国有数の激戦区・神奈川で2017年夏、18年夏ともにベスト8。

志賀正啓の「投球メソッド」とは？

一

ラプソードを活用して ピッチャーの特徴や課題を数値化

球速、回転数、回転角度、リリースポイントなどがわかるラプソードを使ってピッチャーの投球を数値化。それにより、ピッチャーの特徴や課題が明確になる。数字が良い部分は長所として伸ばしつつ、特徴がわかれば自分に必要な球種も見えてくる。

二

球速はストレートに対してのパーセンテージを見る

球速はストレートを基準にしてスライダーなら90パーセント、フォークやカットボール系なら93パーセントが理想。この球速割合だと「ピッチトンネル」が作りやすくなり、ストレートと変化球の軌道が近くなる。ストレートの場合は球速はもちろん、「回転効率」も100パーセントを目指す。

三

パフォーマンスに対するフィードバックを早くする

ネット裏にスピードガンを設置することでピッチャーが投球直後に球速を把握できる、ラプソードも1球ごとに自分が投げたボールの数値を見られるようにする。フィードバックを早くすることで、投げた直後に自分の感覚と数字を確認することができる。

四

誰から学んでもいいが、結果は求める

トレーニングメニューは選手が自分で考えて選ぶ。指導者が提案したメニューでも、自分たちで仕入れてきたメニューでも、やるのは「自己責任」。ただし、計測日にはしっかりと数字で結果を出すことも求める。

五

選手が自然に育つ環境を作るのが指導者の仕事

チームスローガンは『革命』。「明日、自分たちの手で世界が変わる」と、ワクワクした気持ちを持って日々の練習にのぞめるような環境を作る。選手に聞かれたときに答えられるように情報は仕入れるが、それを強制はしない。監督の脳みそを超える選手が出てくるのが理想。

ストレートに対する変化球の球速割合が大事
縦横の変化量を知ることで必要な球種がわかる

グラウンドを訪れた3月中旬、この日は紅白戦が組まれていた。先発投手がピッチング練習を始めたところで、強烈な違和感を覚えた。キャッチャーの3メートルほど前に、何やら硬そうな素材で覆われたボックスが置かれていたのだ（写真P139）。

（これが噂のラプソードか……）

立花学園がラプソードを使っているのは知っていたが、ブルペンで使用しているものだと思い込んでいた。まさか、試合中のグラウンドに置くとは……。「ボールが当たっても壊れないのだろうか?」「ピッチャーは気にならないのかな?」と思いながら、しばし紅白戦を観ていた。

ふと気づくと、ベンチ前にいる吉田大育コーチがiPadを手に持ち、真剣なまなざしで画面を見つめている。あとでわかったが、ラプソードで計測したデータが、1球ごとにタブレットに送られてきているという。それを逐一チェックしているそうだ。

気になることは、ほかにもあった。ネット裏のスタンドに、デジタル表示のスピードガンが設置されていて、1球投げるたびに球速が出る。高校のグラウンドに球速表示がある

キャッチャーの3メートルほど前にラプソードを置いてデータを計測

こと自体珍しいが、それをネット裏に置いておくのは絶対に何らかの意図があるはずだ。

紅白戦を観るだけで、立花学園が他校とはまた違った取り組みをしていることが、十分に伝わってきた。試合が一区切りついたところで、志賀監督に話を聞いた。

志賀監督は明大中野八王子から明治大に進み、左腕投手として活躍。卒業後、東京・日体荏原高の助監督・部長を務めたのち、2017年に立花学園に赴任した。「大学生?」と思うような童顔であるが、今年で35歳。神奈川の私学の監督としては若い部類に入る。

「ラプソードは2019年の2月から、ブルペンに設置しています。試合で計測するようになったのは、昨年の12月から。最初は違和感があるのかなと思いましたが、選手はすぐに慣れていましたね。一応、ボールが当たっても壊れない構造になっているようです」

そもそも、ラプソードとは何か。ラプソードによって何がわかるのか。1年生に対して、新チームが始まる頃にミニ講義を行い、志賀監督がパワーポイントで自作した『投球術とラプソード』をもとに解説をする。そこには「ラプソードでわかること」として、次の10項目が紹介されている。

①球速、②回転数、③回転角度、④回転数の効率、⑤リリースポイント(横幅・高さ)、⑥リリース時の発射(上下)、⑦リリース時の発射(左右)、⑧縦横の変化量、⑨コース、⑩2.

5センチ、5センチ変化したときの位置。

すべての数字を追いかけると、頭が混乱してきそうだが、志賀監督が特に意識して見るポイントはどこになるのだろうか。

「いろんな見方がありますが、ひとつは球速を見ています。球種それぞれの球速ではなく、ストレートに対して何パーセントの割合なのか。スライダーであれば、ストレートの球速に対して90パーセント、フォークやカットボール系の速い変化球であれば、だいたい93パーセント。このぐらいの割合であれば、ピッチトンネルを構成しやすくなります」

140キロのストレートを持っているのなら、126キロのスライダー、130キロのフォークやカットボールとなる。

「ピッチトンネル」についても自作の資料に説明があり、投手陣にその意味を伝えている。まずは、ストレートと同じ投げ方で変化球を投げることが大前提にあり、そのうえで、ストレートに近い軌道の変化球を投げる。具体的に言えば、ホームベースからマウンド寄りに7メートル離れた場所まで、ストレートと変化球の軌道を近づける。これによって、バッターはボールの軌道を読みにくくなる。

「ストレートに関しては、回転効率をよく見ています。バックスピンの効いたストレートを投げられているか。理想は100パーセント。これがカットボール系の変化球を投げすぎると、回転効率が93パーセント近くにまで落ちていくピッチャーがいます」

ストレートを投げる瞬間には、手のひらがキャッチャー方向に向いているが、カットボールになると、右ピッチャーの場合はやや一塁側に向けてリリースすることが多い。これによって、回転軸が変わり、ボールを変化させることができる。ただ、このリリース感覚が身についてしまうと、知らず知らずのうちにストレートの回転にも悪影響をもたらしてしまう。日常的に「回転効率」をチェックしておくことで、回転軸の変化にいち早く気づくことができる、というわけだ。

縦横の変化量にも目を向ける。どの球種も、ホップ成分、ドロップ成分、シュート成分、スライド成分のいずれかの組み合わせで成り立っていて、同じスライダーであってもピッチャーによってその変化量はまったく違う。

「基本的に、腕を振る角度に沿って、ボールが集まってきます。バッターは本能的にそれがわかっているので、そこから外れる変化球を覚えることができれば、ピッチングの幅が広がっていきます」

たとえば、右のスリークォーターであれば、斜めの軌道にボールが集まりやすい。右バッターから見ると、インハイからアウトローにかけた対角線、という意味だ。この軌道から外れるボールとなると、ヒザ元に沈むシンカーやツーシーム。ラプソードで縦横の変化量を見ることで、自分が覚えるべき球種が見えてくる。

フィードバックの早さが利点 ハイスピードカメラを有効利用

ラプソードを導入して3年。志賀監督が感じる、もっとも大きなメリットはどこにあるのだろうか。

「フィードバックが早いのが一番いいですね。ブルペンに置いているときは、1球投げ終わるたびに、自分が投げた感覚と実際のボールの数字を確認することができます。ネット裏にスピードガンを置いているのも、フィードバックを早くするためです。ピッチャーはやっぱり球速が気になるものなので、ネット裏に数字が出れば、自分ですぐに確認することができますよね。はじめは球速を過剰に意識していたピッチャーもいましたけど、ずっと置いてあるので、すぐに慣れたようです」

ほかにも、こんなメリットがある。

「ラプソードで計測することによって、自分の個性を磨いたり、個性に気づいたりすることができます。外から見ると、あまり特徴がないなと思うピッチャーでも、変化量を見ると、『面白い！』と気づくことがあるものです。ピッチャーには、『平均から外れるボールを覚えてほしい』という話をよくしています。ストレートのホップ成分とシュート成分が何センチというデータは、ラプソードですぐにわかります。これが、高校生の平均的な数字であれば、バッターにとっては見慣れたボールであり、打つのは簡単なわけです。でも、見たことがないボールなら、誰だって打つのは難しいですよね」

3年生に上藪慎一郎という左ピッチャーがいる。志賀監督曰く、「ザ・オーバーハンド！」のタイプだ。なぜかというと、ストレート、チェンジアップ、カーブの変化量が、縦にほぼ一直線に並んでいるからだ（写真P145）。珍しい特徴であり、これだけで十分な武器になる。

「かかとに体重が乗っていて、少しそっくり返るような投げ方をしています。直したくなる指導者もいると思いますが、あの投げ方を直してしまうと、カーブの変化量がおそらく変わってくるんじゃないかと。それによって、上藪の個性が消えてしまう恐れがあります。それに、上藪は胸郭が柔らかいので、今のフォームでも投げることができている。ピッチャーの体に合ったフォームを認めてあげることも、大事なことだと感じます」

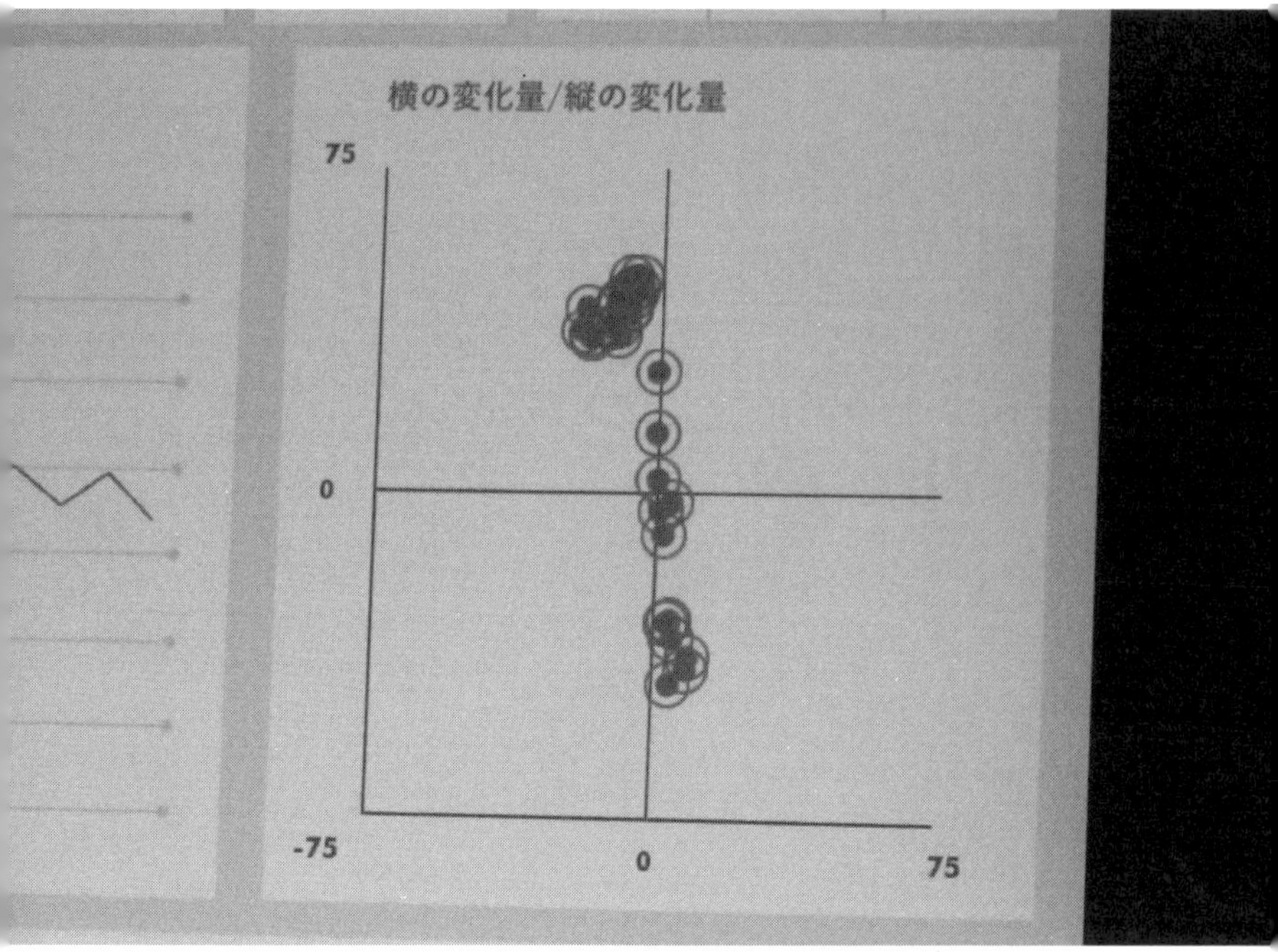

ラプソードで変化量を確認

細かいフォームに関しては、「ほとんど教えません」と志賀監督は即答する。前任の日体荏原ではピッチャー指導を任されていたが、「メカニック大好き。教え魔でした」と苦笑い。その指導が合うピッチャーもいれば、合わないピッチャーもいた。

「右ピッチャーにはある程度うまくいくけど、左ピッチャーにはうまくいかない、といったことが出てきます。それに指導者がフォームを教えると、『おれの言った通りにやらないと、試合で使わないぞ』みたいな雰囲気が出てしまうんですよね」

立花学園に赴任してからは、画一的に指導することはやめた。その代わりに、ラプソードを使って、客観的にフィードバックできる環境を整えている。

もうひとつ、文明の利器であるスマホを上手に活用し、変化球の習得に役立てている。ハイスピードカメラが内蔵されたスマホを使って、ピッチャーのリリースを後ろ（セカンド方向）から撮影し、ボールの切り方を確認する。自分の感覚と実際の動きをすり合わせるためには、映像を使うのが一番早い。

「たとえば、ストレートに対して93パーセントの球速割合のカットボールを覚えたいピッチャーがいたとします。スライダーっぽく緩く曲がってしまうときに、こうした映像を見せて、『今は中指で切っているけど、人差し指で切るようにしたらもっとスピードが上がるんじゃないか?』とディスカッションしていきます。自分の感覚で投げるよりも、映像で確認できたほうが習得するスピードが早くなるはずです」

フォークを覚えるときにも、ハイスピードカメラが大いに役立っている。

「フォークはサイドスピンをかけて、右ピッチャーであれば右バッターのヒザ元に沈ませたほうが、バッターは打ちづらくなります。それこそ、腕の軌道から外れていくボールになります。そのためには、人差し指の内側でボールに回転をかけたい。これも、ハイスピードカメラを使うことによって、すぐにフィードバックができるわけです」

練習中、スマホは自由に使える環境にあり、気になることがあれば、チームメイトで動画を撮りあう。急速な進化を遂げる電子機器を、生かさない手はない。

環境を作るのが指導者の仕事
自分に合ったトレーニングを選ぶ

紅白戦を終えたあと、ピッチャー陣はトレーニングに入った。みんなで一斉に同じメニューを始めるかと思っていたら、志賀監督から意外な言葉が聞かれた。

「自分に合ったメニューを、個人で選んでやっています。だから、ピッチャーによっては、まったくやらないメニューもある。もちろん、オーソドックスなメニューは全員に伝えているのですが、『絶対にやりなさい』というものはひとつも存在していません」

その意図はどこにあるのか。

「就任した当初は、ローテーションでメニューを組んでいました。でも、時間が経っていくと、メニューが消えていくんです。自分たちで意味があると思わないと、自らやろうとは思わないですよね。そこから考え方を変えて、用具を揃えたりして、トレーニングができる環境を作るので、『あとは、自分たちで好きなように取り組んでね』というスタイルに変えました。今は、環境を作ることが私の仕事だと考えています」

ある意味では、高校生を大人扱いしている。こうなると、個人によって取り組み方に差が出てこないだろうか。

「もちろん、出てきます。冷たい言い方に聞こえるかもしれませんが、『自己責任』でいいと思っています。以前は、『みんなで頑張ろう』という考えでしたが、そうなると、もっと伸びるはずの子が、みんなに合わせようとするので思ったほど伸びてこない。突き抜ける存在が生まれにくいと感じました。周りに合わせるのではなく、自分がやりたいことに力を注いでいく。何をするにしても、やりたいことをやったほうが楽しめるし、ワクワクすると思うんです。それに、私が考えたメニューをやっているうちは、監督の脳みそを超えることができません。神奈川で東海大相模や横浜に勝とうとしたら、それでは難しい。監督の思考を超える選手が出てくることを、待ち望んでいます」

トレーニングの成果を測るために、冬場は週1回のペースで計測日をもうけている。メディシンボールスロー、10メートル走、30メートル走、スイングスピード、徐脂肪体重など15種目。「仲間に負けたくない」と思う選手は、トレーニングに対する意識が高く、必然的に数字が伸びていく。

「これも選手に言っていますが、『頑張るのは当たり前。頑張ることだけでは、評価はされないよ』と伝えています。数字で結果を示す。極端な言い方ですけど、トレーニングをしなくても、数字が伸びていればオッケーです。実際、そうはならないですけどね」

トレーニングに取り組むにあたり、大きな影響力を与えるのが先輩の存在だ。志賀監督の考えで、同じようなタイプのピッチャーをトレーニングパートナーとして組ませ、先輩が後輩に教えるやり方を取っている。

「指導者が教えるよりも、先輩が『このメニューで球が速くなった』と伝えたほうが、後輩に文化として残っていくものです。先輩は後輩に教えるために、自分の取り組みを言語化するので、頭の整理にもなります。そうなると、後輩だけでなく先輩も伸びていく。そこでの私の役割は、誰と誰を組み合わせたら、お互いに伸びていくかを見極めること。コーディネーターですね」

志賀監督が提案するメニューもあれば、選手たちがツイッターやインターネットで仕入れてきたメニューもある。何をやってもオッケーだ。「おれが教えていないことをやるな！」なんて考えは、1ミリもない。

「誰から学んでもいい。私の言うことを聞かなくてもいい。ただし、結果に対しては厳しく求めるよ、というスタイルです」

自分自身の課題を見つけ、それをクリアするためにはどんなトレーニングが必要なのか。頭の中で整理できていなければ、ただ頑張っているだけになってしまう。自分を客観的に見る力が求められる。選手にとってみれば、「これをやりなさい！」と指導者から言われたほうが、きっと楽なはずだ。

トレーニングで体の動きを改善する「分離」を覚えるコアベロシティー

実際に、どのようなトレーニングに取り組んでいるのか。選手に実演してもらった。

まず、基本的な考えにあるのが、「トレーニングをすることで、体の動きが改善され、それが理にかなったフォームにもつながっていく」ということだ。「細かいフォームはほとんど教えない」と語るのには、こうした背景もある。

1.パルクール→身体操作性を養う

「パルクール」とは、フランスで生まれた心身を鍛える運動で、近年はアスリートのトレーニングにも応用されるようになった。本来のパルクールは、街中にある壁をよじ登ったり、柵を乗り越えたりして、目標の地点までいかに早く辿り着くかを競うものである。立花学園では、写真のような器具を自作し、ジャンプして飛び移ることを基本動作としている（写真P152~153）。

「パルクールをやることで、自分自身が持っている本当の運動能力を引き出す狙いがあります。野球が上手い選手と下手な選手の違いは、身体操作感覚にあると思っています。いわゆる、『身のこなし』。ボールを使った練習だけでは、身体操作性を高めることは難しい。不安定なバランスの中で動くことで、運動に適した姿勢や体の使い方、身のこなしが養われると考えています」

跳び移ったときの姿勢に注目してほしい。かかと重心になり、後ろに倒れそうになった

動

パルクール

ところで、重心を前に移動させて、バランスを整えているのがわかるはずだ。野球の動きの中では、なかなか養えない動きだろう。

2.片足・両足スクワット→バランス感覚を養う

今度はパルクールで使った器具の上で、片足スクワット（写真P155上）と両足スクワット（写真P155下）。平均台のように、土台が平らになっているわけではなく、細長い円柱形のため、バランスを保つのが難しい。その分、普段は使わない小さな筋肉に刺激を加え、強化することができる。

3.片足・両足連続ジャンプ→正しい着地姿勢を身につける

こちらも、お手製の台を活用したジャンプ。トレーニングジムなどに行くと、柔らかい素材でできたジャンプボックスが置いてあるが、経費削減のために、作れるものは作る。メニューは2種類。ヒザほどの高さに設定した台を、片足連続ジャンプで10回。続いて、ベルトの高さの台を、両足連続ジャンプで10回（写真P156）。リズミカルに跳んでいくのがポイントだ。

片足スクワット

両足スクワット

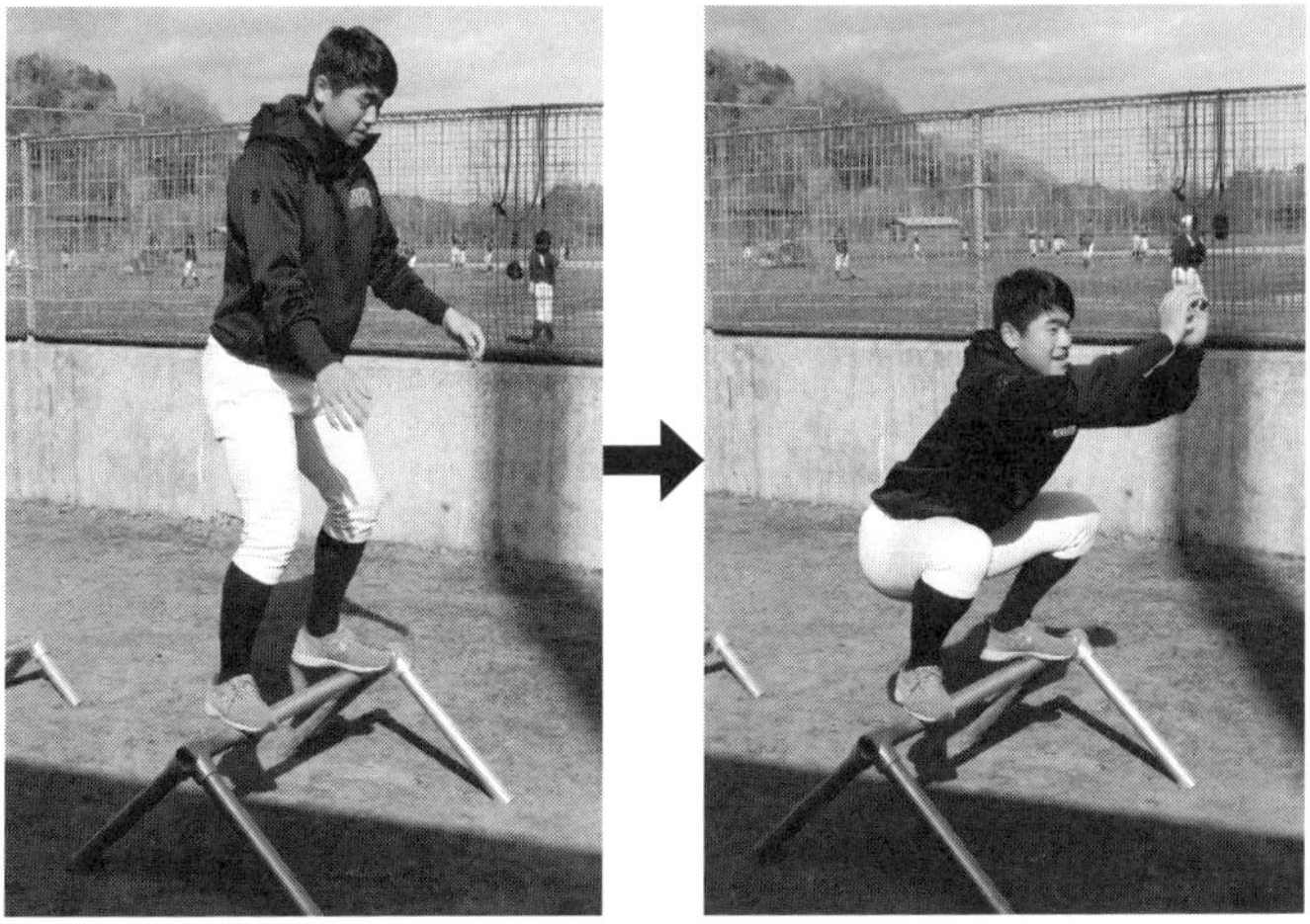

両足連続ジャンプ

動

「連続で跳ぼうと思うと、本能的に次の動作を考えた着地をしようとします。かかと重心では当然跳べないですし、胸を張った姿勢でも跳べません。かかとを浮かせて、胸郭をすぼめた着地姿勢を取るようになるものです。こうした姿勢が、野球の動きにもつながっていきます」

具体的な狙いをしっかりと伝えることもあれば、何も言わずに、取り組ませることもあるという。狙いを口にすることで、その動きを過剰に意識しすぎてしまい、逆効果になる場合もあるそう。このあたりは、指導者に見極める力が求められる。

4.チューブ
→肩甲骨の可動域と強さを養う

細いゴムチューブを使ったトレーニング。写真のように肩甲骨を閉じた体勢から始め、手のひらを外に向けながら、肩甲骨を外に開いていく（写真P158〜159）。肩回りの柔軟性と強さを養う狙いがある。動画では、肩甲骨を開いた体勢から閉じるバージョンも紹介しているので、ぜひチェックを。

肩甲骨の可動域と強さを養うチューブトレーニング

5. コアベロシティー
↓下半身と上半身の分離を覚える

「コアベロシティーベルト」と呼ばれるトレーニング用具を使った、フォーム改善ドリル。腰にベルトを巻き、ロープの端を金網にくくりつけて固定する。ロープは伸び縮みするのが特徴で、キャッチャー方向への並進運動を加速させる役目がある。利き手には220グラムのボールを持ち、実際のピッチングと同様にボールを投げる（写真P162〜163上）。

「コアベロシティーベルトの一番いいところは、『下が回っても、上がまだ残っている』という〝分離〟を意識せずに作り出せるところです。本当に微妙なズレなので、自分でやろうとするとフォームがおかしくなってしまいます。エースの小林（爾）は、このトレーニングで140キロを超えるようになりました」

二塁ベース方向からロープで引っ張る逆バージョンもある。軸足で立った状態でロープに体重を預けることで、並進運動の感覚を掴みやすくなる（写真P162〜163下）。

「1つ目のキャッチャー方向から引っ張るメニューばかりやっていると、頭が突っ込みすぎてしまうピッチャーもいます。やりすぎると弊害も出てくるので、今の自分にとって何が必要か考える力が求められてきます」

6.メディシンボール投げ→出力を高める

メディシンボールを使ったトレーニング。フロントスロー、バックスロー（写真P164〜165上）、サイドスロー、直上スロー（写真P164〜165下）、スローイング（写真P166〜167上）、壁当てスロー（写真P166〜167下）と、さまざまなメニューを行っている。ただやみくもに投げればいいわけではなく、股関節を屈曲させたパワーポジションを取り、下半身で生み出した力を上肢に伝えていくことがポイントになる。

「止まっている0の状態から、100の力を生み出す。最大の出力を上げていくのが狙いです。回数は一切決めず、1日ずっとやっている子もいますね」

メディシンボールを投げる一瞬に、どれだけの力を発揮することができるか。出力の仕方を体に覚え込ませていく。

スローイング動作は、メディシンボールを頭の上に持っていくまでの動きが特徴的で、胸郭の柔軟性にフォーカスを当てていた。投球時の胸の張りを生み出すためにも、胸郭の柔らかさは重要なポイントになる。壁当てスローは、コアベロシティートレーニングと同

動

動

コアベロシティー

コアベロシティー（逆バージョン）

バックスロー

直上スロー

動

動

スローイング

壁当てスロー

様に、下半身と上半身の「分離」が狙い。

7.やり投げ（ジャベリックスロー）
↓腹筋を使って投げる

オリックスの山本由伸が実践していることでも話題のやり投げ（写真P169）。「ピッチングにつながる」と言われているが、そもそもどんな効果があるのだろうか。

「やり投げをしようとすると、腹筋や腹斜筋を使って投げようとします。ヒジを使って投げようとしたら、遠くに真っすぐ飛んでいきません。特に、リリースでヒジが落ちるようなピッチャーの矯正法に使えるかなと考えています」

手本を見せてくれた選手は、サブグラウンドで楽しそうに投げていた。遊びの延長でやるぐらいがちょうどいい。

8.ウエイトトレーニング
↓絶対的な筋力を上げる

年間通して行っているのが器具を使ったウエイトトレーニングだ。冬場は重めの負荷で筋力を上げ、シーズンに入ってからは軽めの負荷で瞬発系を高めるなど、時期によってテーマを設けている。

やり投げ（ジャベリックスロー）

「スクワットは体重の2倍を挙げる」といった目標はあるそうだが、「あまり言いすぎると、ケガにもつながってしまう」と志賀監督。絶対的なノルマとして、プレッシャーをかけるようなことはしていない。

自分で考えて取り組める環境
ラプソードを変化球習得に生かす

トレーニングを実演してくれたのは、3年生4人のピッチャー陣。どのような取り組みで、成長を遂げてきたのか。選手たちの生の声を紹介したい（写真P172）。名前の横にある数字は、入学時と現在（3年春時点）のストレートの最速になる。

上藪慎一郎（左腕／115キロ→135キロ）
自分で決めて、自分でやれる環境

「球速が伸びたのは、1年の冬にウエイトトレーニングに力を入れたことと、コアベロシティーベルトを使ったトレーニングが大きいと思います。コアベロは下半身が先にいって、そのあとに上半身がついていく感覚が掴みやすく、腕が走るようになりました。トレーニングは、『何をやってもいいよ』というスタイルなので、はじめは何をやっていいかわからない時期もありました。1個上の武井（朋之）さんとトレーニングを組ませてもらってから、いろんなメニューを教わり、自分にとって何が大切なのか考えられるようになったと思います。自分で決めて、自分でやれるのが、立花学園のいいところです。ラプソードは、ストレートと同じ軌道のカットボールを覚えるために、変化量を確認しています。ストレートの変化量に近づくように、ボールの切り方を調整していく。おかげで、カットボールを覚えることができました」

小林爾（右腕／130キロ→143キロ）自分に合ったトレーニングを見つける

「コアベロに取り組んだことで、球速が上がりました。ただ、コアベロをずっとやっていると、『分離』を意識しすぎて、リリースの感覚がずれてしまう。『ひとつのことを、やりすぎるのもダメだな』とわかったのが、自分自身で学べたことです。

志賀先生がいろんなメニューを持ってきてくれるので、とりあえず、1回はやるようにしています。自分に合っていたら続けるし、合わなかったらやめる。ぼくは、パルクールが苦手で、あそこから落ちてケガしたらどうしようと思ってしまうんです。びびりなんで(笑)。だから、パルクールはほとんどやっていません。

3年夏までには140キロ後半までは投げたいです。永島田と比べると、体の使い方が

写真左から上藪、東田、小林、永島田

違うのでそこを埋めていきたい。どうしても上半身中心で投げてしまうので、そこが改善できれば、もう少しスピードは上がっていくと思っています」

東田優輝（右腕／110キロ→140キロ）
メディシンボール投げで球速アップ

「ここまで球速が伸びるとは思っていませんでした。下半身で生み出したエネルギーを、腕に伝えられるようになったのが、大きいと思います。メディシンを壁にぶつけるメニューが、自分には一番合っていて、下と上をずらす捻転の感覚がわかるようになりました。

ピッチングは、ラプソードを使うことで変化量を調整しています。自分の変化球は大きく曲がりすぎてしまうのが課題だったんですけど、ストレートに近い軌道を追い求めるようになってから、バッターに近いところで曲がる変化球を覚えることができました。

トレーニングもピッチングも、自分で考えて取り組めるのが立花学園のいいところです。指導者にやらされている感はまったくありません。逆に任せてもらえている分、やる気につながっています」

永島田輝斗（右腕／130キロ→150キロ）ラプソードでジャイロ系を改善

「1年のときはどんなトレーニングをやればいいか理解できていなかったんですけど、先輩に教えてもらう中で、自分に合うものを積極的に取り入れていくようになりました。メディシンボール投げが結構好きで、多めにやるようにしています。自分に合わなかったかなと感じたのが、コアベロです。下半身を意識しすぎて、上が追い付いてこない。ボールが上に抜ける感覚があったので、あまりやらないようにしています。

ラプソードは、ストレートの回転軸と回転数を確認しています。中学時代にキャッチャーをやっていたこともあって、もともとジャイロ系のストレートで、回転効率が悪い。伸びるストレートを投げたくて、回転軸を気にするようになりました」

ワクワクした気持ちを大切に選手が自然に育つ環境を作る

グラウンドの一塁側には、志賀監督がデザインした横断幕が飾ってある。野球部のキャラクターでもある金太郎とともに描かれているのは、「ワクワクしてる?·?·」という監督からのメッセージである（写真P176）。これまで多くの学校でさまざまな言葉を目にしてきたが、こんな問いかけに出会ったのは初めてだ。

4人のピッチャー陣に「ワクワクできている?」と聞くと、「できています!」と笑顔で答えてくれた。指導者からの押し付けではなく、自分がやると決めたメニューに、責任を持って取り組めていることが大きいという。

「うちのチームスローガンは『革命』です。大事にしてほしいのは、〝革命前夜〟の気持ち。『明日、自分たちの手で世界が変わる』と思えば、ワクワクした気持ちになるはずです。その気持ちで日々の練習にのぞめれば、結果は自然に付いてくる。だからこそ、監督として考えるのは、この子たちが100パーセントの取り組みができたときに、甲子園に行ける環境作りが必要ということです」

自分たちの取り組みを信じて、どこまでやり切ることができるか。試合は相手との戦いではあるが、相手を意識するよりも前に、個々の力とチーム力を上げる必要がある。

「選手には、ピアノの発表会の話をよくしています。一生懸命に『猫踏んじゃった』を練習してきた中で、前の子が『エリーゼのために』を弾いたとしても、そこに対抗して、練習もしていない『カノン』を弾くことはないわけです。最高の『猫踏んじゃった』を弾いて、会場を沸かせればいい。〝よそいき〟はやめようということです」

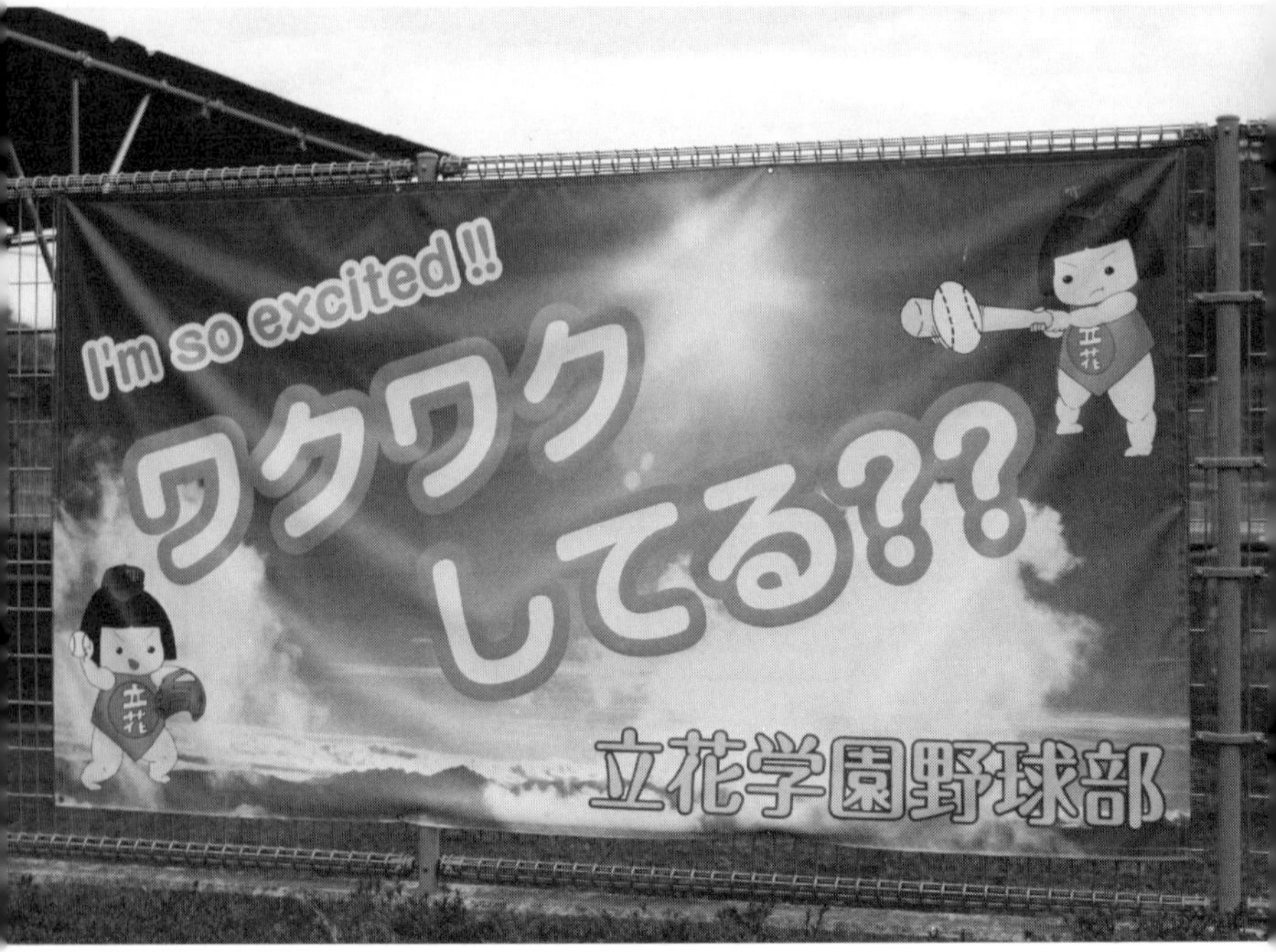

グラウンドの一塁側に飾られた横断幕。志賀監督がデザインした

志賀監督には、指導者としてずっと大切にしている言葉がある。10年以上前に出会った一冊の本に、感銘を受けた。ＪＲＡの名調教師・藤澤和雄氏の『競走馬私論』（祥伝社黄金文庫）に、心に響く一節があった。

「Happy people make happy horse」

幸せな人間が、幸せな馬を作る。

サラブレッドが走りやすい環境を整えるのが、藤澤氏が考える調教師の仕事。そして、馬に関わる人間が幸せな人生を送っていなければ、幸せな馬を育てることもできない。

人間と馬にはもちろん違いがあるが、「私の指導人生に大きな影響を与えてくれた言葉です」としみじみと語る。

「選手が自然に育っていく環境を作る。選手に聞かれたときに答えられるように、いろんな情報を仕入れるようにもしています。監督である私が止まってはいけないので。そんな中で、私の脳みそを超える選手が出てきたら最高ですね」

取材が終わりに差し掛かった頃、ピッチャー陣が外野を黙々と走っていた。志賀監督やコーチが指示したわけではない。

「うちは全体練習の中で走り込むことはないので、不安に感じたピッチャーが、ああやって勝手に走り始めるんです。ぼくは何も言いません」

にこやかな表情を浮かべながら、走る姿を見つめていた。立花学園の野球部が何を大事にしているのか。それを物語る光景だった。

日本体育大学

辻孟彦 コーチ

「成長スピードは人それぞれ。自分自身で課題に向き合う力をつける」

指導者は完璧を求めすぎない
無意識に体が動くまで、質の高い反復練習を繰り返す

首都大学野球リーグで24度の優勝、明治神宮大会で2度の日本一を誇る日本体育大学。近年は「投手王国」として注目を集め、西武の松本航（2018年ドラフト1位）を筆頭に、ここ3年で4人のピッチャーがプロの世界に進んだ。特筆すべきは、入学後に飛躍的に伸びるピッチャーが多いことだ。日体大のOBで元中日ドラゴンズの辻孟彦投手コーチの指導のもと、4年間でたしかな成長を遂げている。飛躍の秘密を探りに、辻コーチを訪ねた。

PROFILE　つじたけひこ　1989年生まれ、京都府出身。京都外大西高から日本体育大学へ進学。4年春に首都大学リーグ戦で優勝、MVPに輝く。2011年、中日ドラゴンズにドラフト4巡目指名を受け入団。2014年に現役を引退、2015年より日体大の投手コーチとして指導者の道を歩む。これまで松本航、東妻勇輔、吉田大喜、森博人をプロへ送り出した。2018年から日本体育大学大学院コーチング学専攻、2020年3月に修士（コーチング学）の学位を取得。

大学1年生は体力を戻すことが第一本格的なピッチングはまだ先でいい

取材日は春季リーグ戦開幕前の4月初旬。新入生が合流して、1週間ほど経った頃だった。例年であれば、推薦組は2月のキャンプから練習に参加するが、昨年と今年は新型コロナウイルスの影響で合宿自体が取りやめになった。

近年こそ、「投手育成がうまい」という評判が広がり、素材豊かなピッチャーが入ってくるようになったが、それでも即戦力度は東京六大学や東都大学よりは落ちる。その分、「4年間かけての伸びしろは大きい」というのが辻コーチの見立てであり、化けたら面白い未完の大器をリクルートしている。「この投げ方で135キロなら、トレーニングで体を強くして投げ方が良くなってくれれば、4年後には150キロまでいける。そんな視点で、高校生を見ています」。また、高校時代にヒジや肩を痛めたピッチャーが、「日体大なら長い目で見て、育ててくれるのでは?」という高校の指導者と本人の期待のもと、野球部の門を叩くケースも多い。

毎年、入部したばかりの1年生に、辻コーチがかける言葉がある。

「高校3年の夏が終わってから大学入学まで、8カ月ほどの時間がある。自主練習をしていたとしても、チームでやっていた練習に比べると運動量が落ちるのは当たり前。だから、大学に入ってから、すぐに投げようとしなくていいから。フォームを変えようとか、もっといい球を投げたいと思う必要もない。高校のときにどんなランニングやトレーニングをしていた？　一番きつかったメニューを思い出してみて、そのメニューを難なくこなせるようになったら、本格的なピッチングを始めていく。焦らなくていいから。自分の体力を戻すことを、第一に考えてほしい」

体力や筋力を戻すことが先決。よくあるのが、コンディションが落ちているのに高校3年夏のピッチングを取り戻そうと無理をして、ケガをしてしまうことだ。大学は4年間あるので、高校以上に時間をかけて練習に取り組むことができる。松本航のように高校でバリバリ投げてきたピッチャー以外は、1年生のうちにリーグ戦で使うことはほとんどない。

これは、中学から高校に入学するときにもつながる話ではないだろうか。部活動とクラブチームではスケジュールに多少の違いはあるが、ほとんどの中学生は3年夏に公式戦が終わる。そこから受験勉強に入り、時間を見つけながら自分で体を動かしたとしても、体力・筋力ともに落ちていきやすい。成長途上の選手であれば、身長が伸びて、体のバランスが変わることも考えられる。そんな状態で、高校1年春からガンガン練習をすれば、体が悲鳴を上げるのは当然。ヒジや肩を故障してしまえば、復帰するまでに時間を要することになる。

「中学から高校、高校から大学と、環境が変わればいつも以上に疲労がたまります。体力面だけでなく、精神面の疲労も大きい。大人もそうですよね。何をするにしても急ぎすぎないことです」

だからといって、一切ボールを投げないわけではない。キャッチボールもするし、ブルペンにも入る。球数は自由だ。ただ、その中でも辻コーチが大切にしている考えがある。

「キャッチボールの前にチューブトレーニングでインナーマッスルに刺激を入れるなど、高校によってさまざまなやり方があると思います。だから、『まずは、高校でやってきた自分のスタイルをやってみてほしい』。そのスタイルでどこまで通用するか。『みんなと合わせなければいけないので、今までのルーティンができない』とか『ここは大学だから、大学のやり方に合わせなければいけない』と思うことだけはやめてほしいと言っています。遠慮していては、自分が損をするだけ。ほかの選手のアップを見て、試してみるのももちろんオッケーです」

日体大は、古城隆利監督の発案で2015年11月から『体育会イノベーション』を打ち出し、上級生が率先して行動し、下級生の手本となる組織作りをしている。体育会特有の理不尽な上下関係も排除。1年生が高校でやってきたスタイルを実践できるのも、「風通しのいい組織があってこそ」であろう。

ブルペンに入るのは事前申告制「準備」に意識を向けるのが狙い

ブルペンで投げるのは、事前申告制になる。学生コーチ（2年生〜4年生）と1年生の投手陣で作ったグループLINEに、キャッチボールをするか、ブルペンでどのぐらい投げるかを申告するシステムを取る。締め切りは前日21時に設定している。

「翌日、ピッチングをすると自分で決めておけば、準備の仕方が変わってきます。睡眠の取り方もアップの入り方も違ってくる。そのうえで、『肩が重いので、今日はブルペンに入るのをやめます』と言うのはオッケー。これが、当日になって、『今日は肩の調子がいいからブルペンに入ります』では何の計画性もありません。私は、オープン戦でも公式戦でも、何日か前から『この日に先発』ということをあらかじめ伝えるようにしています。伝えられれば、準備ができますから」

指導者の中には、試合当日の朝に先発を告げる場合もある。「そのほうが緊張しない」というピッチャーもいるようだが、このやり方だと「フィードバックがしづらい」と辻コーチは話す。

「投げる日がわかっているから、そこに向けた調整ができ、当日のコンディションに意識を向けることができます。たとえ、コンディション作りに失敗したとしても、自分自身に矢印を向けて、次に生かすことができるわけです。それに大学、社会人、プロの世界を考えれば、当日に先発を言われることはまずありません。上で活躍したいと考えているのなら、あらかじめわかっている登板日に向けて、自分でどう準備をしていくかを学ぶことが大事だと思います」

実際にオープン戦やリーグ戦で投げるようになったピッチャーには、登板日までの基本的な過ごし方を教える。たとえば、「松本航ならこういうやり方をしていた」と先輩を例に挙げて、まずはそれを真似てみる。そこから試合経験を重ねていく中で、「前日の球数を減らしたほうがいい」「前日は遠投だけで十分」など、オリジナリティを作っていく。

「準備に関しては、先輩がやってきたベースを伝えるようにしています。ベースとなる基本があるから、振り返りができる。何もないまっさらな状態から自分で作りあげようとすると、何が良くて、何が悪かったのかを確認しづらいですから」

コンディションが良かったからすべてオッケーではなく、良かった理由を自分の中で整理することが次の登板につながっていく。

なお、辻コーチには試合日に行う大切なルーティンがある。先発投手とキャッチボールをすることだ。フォームのバランス、球筋、キレ、表情……、ボールを受けるからこそわかることがある。

「毎試合やっています。『キャッチボールでこのぐらいの球なら、試合でもここまで投げてくれる』という感覚がだんだんわかってきます。キャッチボールの内容が結果に直結するピッチャーもいれば、キャッチボールでは全然ダメだったのに、試合までの時間で調整して、コンディションを上げてくるピッチャーもいます。ここを大事にしてほしいんです。『今日は球がいっていないな』と感じるのなら、試合前のブルペンで多く投げ込んだり、短ダッシュを入れてみたり、いつもとは違うことをやってみる。そうした経験を重ねていくことが、試合で結果を出すことにつながっていくのです」

こうしたことも、すべては日頃の準備がベースになる。だからこそ、ブルペンは自己申告制。1年生のうちから、自分自身の体と向き合う習慣を作っている。

まずは球速を上げることを優先的に考える「なぜ球速が上がったのか?」を理解する

投球フォームに関しては、体作りと並行して、座学から入っていく。どういう体の使い方ができれば、スピードが上がっていくのか。パワーポイントを使ってレクチャーすることもある。

「まずは、球速を上げることを重要視しています。大学生のうちに小さくまとまってほしくありませんから。球速が上がるということは、腕の振りが良くなり、リリースでボールに力を加えることができている証。この感覚があれば、変化球も自然に良くなっていくものです。大学生の場合、トレーニングでしっかりと体を作っていけば、スピード自体は上がっていきますが、ここで大事なのは、どうしてスピードが伸びたのかを自分自身で理解すること。体重移動ができるようになり、下の力を上に伝えられるようになったとか、いろいろな要因がありますが、自分でわかることが大事。怖いのが、よくわからないのにスピードが出てしまっている状態です。こうなると、調子を崩したときに戻る場所がなくなってしまいます」

プロ野球の世界で3年過ごした辻コーチ。毎年、素材豊かなピッチャーが入団し、ストレートの速さや変化球のキレに驚かされてばかりだったという。それでも、高校を卒業したばかりのピッチャーと、社会人出身のピッチャーでは決定的な違いがあったという。

「高卒でもすごいピッチャーはたくさんいました。キャンプのブルペンでえげつない球を投げている。でも、ファームの試合で少し打たれ始めると、『あれ?』となってフォームが崩れていく。経験の浅さからくるものだと思いますが、自分を戻すための引き出しが少ない。一方で、社会人上がりのピッチャーは自分自身のことをよく知っているので、平均的にいいパフォーマンスを発揮できる。この違いは大きいと思います」

いいピッチングができているときに、「なぜこの球が投げられているのか」を考える習慣を付けておく。人間は、状態が悪くなるといろいろと考え出すことが多いが、それだけでは足りない。辻コーチは、ピッチャーの映像を見ながら、「この動きが良くなっているよな」というアドバイスをマンツーマンで行う。入学時と現在のフォームを見比べて、成長を可視化させることも多い。

「私がコーチに就いてから、入学時にもっとも速い球を投げていたのが松本航です。1年生で146キロを投げていました。そのほかのピッチャーを見ると、東妻勇輔(ロッテ)が142キロで、森博人(中日)が141キロ。アベレージで見れば130キロ台中盤から後半です。そこからトレーニングを積んで、2人ともに150キロを超えるストレートを投げるまでに成長しました。『練習をすることでスピードが伸びた』というつながりが大事で、これが実感できれば、個別練習にも意欲が生まれていきます」

日体大には全体練習と個別練習があり、辻コーチは「全体練習=全員がうまくなる練習」「個別練習=個々の課題に合わせた練習」と位置付けている。「自主練習」とは似ているようで、違うものだ。

「個別練習は、かなり細かい設定をしています。ピッチャーひとりひとりと面談をしたうえで、『自分の課題はこれ。課題をこの日までにクリアするために、このメニューを1日何回やる』というシートを提出させています。1年生のうちはなかなか書けず、何回も書き直し。このやり取りを繰り返していくうちに、自分自身で課題と向き合う力が付くようになっていきます。上のレベルで活躍していくには、ひとりで練習できる選手にならなければいけませんから。指導者に『これをやりなさい』と強制されると、自分では『これは合っていないな』と思っても、なかなかやめられないものです。だから、自分で必要なことを選ぶ力を付けさせています」

個別練習で自らプログラムを組めるように、1年生のうちにさまざまなドリルの狙いややり方を丁寧に説明している。まずは引き出しの数を増やし、一通り実践していく中で、取捨選択する力を磨いていく。

200ページから紹介していくが、辻コーチが提唱するドリルはボールを一切使わない。ボールを投げない中で、投球フォームにつながる体の使い方を覚えていく。

「ボールを投げてしまうと、投げているボールの結果にひきずられて、フォームの改善にまで意識が向かなくなります。フォームを改善するには、ボールを投げないこと。そのほうが、体の使い方に意識を向けやすくなる。投げすぎることによる、ヒジや肩への負担を軽減することもできます」

ブルペンの投球練習はすべてを見ない ブルペンではフォームと戦わない

体力が戻ってきた1年生は、ブルペンで投げる強度を上げていく。辻コーチが大事にするのは「力を出し切る」という考え方だ。

「145キロが最速のピッチャーであれば、ブルペンでも145キロ近いボールを投げてほしい。ストレートを30球投げるのであれば、最速に近いボールを投げ続ける。これが100球投げようとすると、100球投げるための力の使い方をしてしまい、70パーセント～80パーセントの力で投げてしまうのです。そうなると出力が上がっていかず、力を抑えた投げ方を体が覚えて、スピードが上がりにくくなっていきます」

少ない球数でいいので、100パーセント近い出力を出し続ける。「投げるスタミナがつかないのでは？」「試合で完投できないのでは？」と思うが、松本航のようなドラフト1位クラスでない限りは、そもそも完投を求めていない。

智辯和歌山から日体大、ロッテに進んだ東妻勇輔は、1年生のうちはブルペンで20～30球しか投げなかった。辻コーチがあえて制限をしていたのだ。

「東妻は、上半身がめちゃくちゃ強い。強いからこそ、上だけで投げようとしていました。だから、コントロールが暴れてしまう。こうなると、ピッチャーの心理としては腕の振りを緩めて、ストライクを取りにいこうとするのです。結果的に、自分が持っている出力を抑えることになります。これを避けるために、下半身がある程度強くなるまでは、球数を制限させていました。弱いところに合わせると、自分の特長までなくなってしまうことがあります」

わかりやすくいえば、上半身の力が100、体幹の力が100、下半身の力が100であるのが理想となる。しかし、大学生にこんな選手はまずいない。東妻を例にすれば、上半身が１００だとすれば、体幹と下半身は50。弱いほうにバランスを整えるのではなく、体幹と下半身を１００に引き上げるためのトレーニングに時間を充てる。

「腕の振りを抑えると、どうしてもそれがクセとなり、自分の投げ方として身についてしまうことがあるのです。今投げられる球数の中で、出力を上げていく。ボールが散らばっていても、『ストライクを入れなさい』と言うことはまずありません」

コントロールが不安定なピッチャーであっても、実戦経験を積ませるためにオープン戦で起用することは多々ある。東妻が1年生の夏、オープン戦で6者連続フォアボールを出したことがあった。しかも、際どいボール球がほとんどなく、明らかなボール球ばかり。

それでも、東妻はブルペンと同じように腕を振り続けていた。

「試合のあと、東妻は相当落ち込んでいましたけど、私は褒めました。『お前、すごいな。普通あれだけフォアボールを出したら、腕が振れなくなるけど、お前は最後まで腕を振っていた。ブルペンでやっていたことを出せたな』。1年生でなかなかできることではありません」

指導者がこうした視点を持っているからこそ、日体大のピッチャーは4年間かけてたしかな成長を遂げていくのだろう。

なお、ブルペンでの投げ込みの最中、辻コーチがずっと見続けることはまずない。あえて、ブルペンから離れる時間を作っているのだ。

「50球投げるとしたら、最初の15球ほどを見て、あとは違う場所に行っています。ピッチャー心理を考えた場合、指導者にずっと見られていると、好きなように投げられないものです。自分で『今日はこれを試してみたいな』ということがあっても、なかなかやりづらい。それに1年生になると、『指導者にアピールしたい』という気持ちが本能的に生まれて、余計な力みが出てしまうこともあります」

プロに行けば、監督やコーチ、メディア、ファンの前で投げる環境が当たり前になるが、技術的にも精神的にも未熟な大学生の場合は、ピッチャーだけの空間を作ってあげることが大事になる。

また、ブルペンでピッチングを始めたら、フォームのことは一切言わない。投げるたびに、「もっと体重移動を意識して」など言っても、ピッチャーが混乱するだけだからだ。フォームと向き合うことは、マウンドに上がる前に終わらせておく。

「投げる前に、『前回はこういう状態だったから、今日はこういうところを意識してみようか』という話はします。投げ終わったあとにも、撮影した映像を見ながら話をすることがあります。でも、投げている最中は何も言わないようにしています」

ピッチャーを育てていくには、ピッチャーの心を知っておく必要がある。

投球フォームは体重移動＋回旋運動
日常から軸足で操作する意識を磨く

ここからは、辻コーチが大事にしている投球フォームのポイントを解説しながら、それを実践するためのピッチャードリルを紹介していきたい。194～195ページの写真は、辻コーチ作成による資料である。1年生にはこうした連続写真を使いながら、ポイントを説明している。上段に4枚、下段に4枚の写真が並んでいるが、あえて上下にわけているのには意味がある。

「投球フォームは、体重移動（①～④）と回旋運動（⑤～⑧）の組み合わせとして捉えています。高校から入学してきたピッチャーに多いのが、体重移動が終わっていないのに回旋運動が始まってしまうこと。これが、いわゆる〝開きが早い〟といわれる投げ方です」

辻コーチによる定義は、次のとおり。

●体重移動＝軸足一本で立ってから踏み込み足が地面に接地する直前までの動き
●回旋運動＝踏み込み足が接地したあと、軸足・腰・体幹が回旋し始めてから投げ終わりまでの動き

③

④

⑦

⑧

①

②

⑤

⑥

では、なぜ、体重移動が重要なのか――。

「体重をできる限り長く移動させる（①〜④）ことで、下肢と体幹の回旋を速くする（⑤⑥）ことができ、その結果、上胴が残り、肩が外旋し、いわゆる〝胸の張り〟につながっていきます（⑥）。胸が張られることで、利き腕が後ろに置かれた状態になり、速い腕の振りを生み出すことになるのです（⑦⑧）。胸の張りは、速いボールを投げるために重要なポイントになります」

言い換えるのならば、「正しい体重移動が、速い回旋運動、速い腕の振りにつながる」。体重移動がなければ、何も始まっていかない。

体重移動のカギを握るのが、軸足の使い方だ。辻コーチは、投手陣にこんな伝え方をしている。

「軸足で立って、軸足で移動する」

「軸足で操作する意識を持つ」

①から④の動きを見たときに、地面に着いている足は軸足しかない。右ピッチャーであれば右足。当たり前のことだが、地面に力を加えられるのは軸足しかないことになる。一本足で立つときも、体重を移動させていくときも、軸足を主にして行うこと。

「もっと言えば、軸足から股関節、腹筋を使って立ち、移動していく。体幹部から足裏まですべてつながっている意識を持つように伝えています。軸足で立つときに、前足を上げる勢いで立とうとすると、体重移動のときにも前足で移動しやすくなり、どうしても体が早く突っ込んだり、開きが早くなったりする原因につながります」

①の姿勢を見ると、「左足を上げて立っている」と思えるが、体の感覚としては「軸となる右足を踏むことで左足が上がる」。形は同じだとしても、ピッチャー本人がやろうとしていることはまったく違う。軸足主導で立つことで、体重移動のときにも軸足から動くことが可能になる。

「足を踏み出した分だけ、上体もキャッチャー方向に動いていきます。足を踏み出しているのに上体が軸足側に残りすぎていたり、踏み出した以上に上体が突っ込んだりしていると、下と上のバランスが合っていないことになります」

「上体が突っ込んではいけない」と思いすぎて、軸足側に体重を残そうとするピッチャーもいるが、これは勘違い。前足を踏み出せば、その分だけ上体は動く（写真P198～199）。

ただし、辻コーチ曰く「体重移動は、かなり専門的な技術」。野球にまったく触れたこと

足を踏み出した分、上体は移動する

がない子どもや女性がボールを投げると、すぐに胸を投げたい方向に向ける。コントロールだけを考えれば、このほうが的を狙いやすいからだ。

「何も意識しなければ、そうなるということです。たとえば、日常の歩行を考えてみても、行きたい方向に胸を向けた状態で、足を踏み出しています。そう考えると、横向きのまま体重を移動させることは日常生活の中でほぼありません。日頃の練習から、クセを付けておく必要があるのです」

サイドステップ、サイドジャンプなど、基礎的なメニューを繰り返す中で、「軸足から動く」を意識づけさせていく。

ドリル1　サイドステップ
→「軸足から動く」を体に覚え込ませる（写真P202〜203上）

両ヒザに補強用のチューブを巻いた状態でのサイドステップ。左方向に進むときは右足で地面を押し、右方向に進むときは左足で地面を押す。進行方向に対して、胸は常に横向きのまま進んでいく。前足に意識があると、胸が開いていきやすい。

「基本的なメニューになりますが、軸足に体重を乗せて、軸足から動くことを一歩ずつ丁寧にやることで、ピッチングフォームも間違いなく変わってきます。速くやる必要はまったくありません」

チューブを巻くのは、内転筋に負荷をかけるためであるが、はじめはチューブなしでもオッケー。正しい動きを体に染み込ませていく。

ドリル2　サイドジャンプ
→軸足のヒザの角度を学ぶ（写真P202〜203下）

今度は横向きのままジャンプ。左に跳ぶときは右足、右に跳ぶときは左足を使って、斜め横方向に跳ぶ。

「ここでのポイントは、キャッチャー方向に真っすぐのエネルギーを伝えていくことです。よく言われることですが、軸足で立ってから体重移動に入る際に、ヒザが折れすぎてしまう問題があります。右ピッチャーであれば三塁側、左ピッチャーは一塁側に折れる。なぜ問題かというと、軸足のヒザが折れた状態で踏み出し足が着地すると、回旋運動のときに軸足のヒザが遠回りしていくからです。遠回りするということは、それだけ力がロスする。速い回旋運動につながっていきません」（写真Ｐ２０４）

パフォーマンス発揮の方程式に「パワー＝力×スピード」という考えがある。投球フォームにおけるスピードは、辻コーチの考えでは「関節を回す速さ」。回旋運動では、「股関節

動

動

ドリル1　サイドステップ

ドリル2　サイドジャンプ

軸足のヒザが外回り

を回す速さ」と言い換えることができる。軸足のヒザが折れると、速さを生み出すことが難しくなるわけだ。

ただ、「軸足のヒザを折らないように」と言葉で伝えると、その形ばかりを意識してしまい、体重移動が不十分になることがある。ヒザが折れていても、スムーズな体重移動ができているピッチャーもいるので、実際のところは個人差がある。どの程度の折れ具合なら、キャッチャー方向にエネルギーを伝えられるのか。それをサイドジャンプで体に覚え込ませていく。

ドリル3 体重移動（チューブあり）
→軸足主導の感覚を身につける（写真P208～209上）

投球フォームをイメージしながら、軸足主導で体重移動を行う。腰にゴムチューブを巻き、パートナーが二塁方向に負荷をかけることによって、軸足を使ってキャッチャー方向に動く感覚が身につきやすい。

体重移動に課題があるピッチャーは、個別練習でこうした地道な練習を毎日積み重ねていく。だが、動きに慣れていくと、意識が薄れてしまうのが人間の習性でもあり、「何のためにやる練習なのか」をその都度、確認しなければいけない。

「どんな練習にも言えることですが、何かを10回やるとしたら、1回1回の積み重ねが10回になる意識を持ってほしいのです。表現としては『1回を10回やる』。1回の質を高めていくことが、自分自身の成長につながっていきます」

キャッチボールにもピッチングにもつながる話だろう。1球の意識をどれだけ高められるか。なんとなく漠然とやっていては、なかなか成果は生まれない。

→マウンドの高さを常に頭に入れる

ここまで紹介したドリルは、すべて平地で行っている。ブルペンや試合になれば、高さのあるマウンドから投げることになり、厳密に言えば動きが変わってくる。

「マウンドの高さは25．4センチ。ピッチャーには普段のキャッチボールから、『常に高さのあるマウンドから投げることを意識するように』と伝えています。平地では踏み出し足が着いているタイミングであっても、マウンドから投げるときはまだ着いていないわけです。その分、上体が前に突っ込んでいきやすい。平地のとき以上に、軸足で自分の体を扱う感覚が必要になります」

具体的に、どんな意識を持てばいいのだろうか。

「マウンドから『落ちる』のではなく『下りる』。軸足やお腹周りの力を使って、自分の力で下りていく。そうすることで、バランスを保ちながら体重移動することができます」

「体を預ける」「身を任せる」といった指導法を耳にすることもあるが、辻コーチの考えは「軸足の力で下りる」。高いマウンドにいるからこそ、軸足で操作する意識をより高める必要がある。

ドリル4　バランスボール転がし
→軸足の力の方向性を身につける（写真P208〜209下）

まず、バランスボールの上に踏み込み足を乗せた状態からスタート。ここから、軸足で地面を押す力を使って、ボールをキャッチャー方向に転がしていく。見た目では、踏み込み足で転がしているように見えるが、ピッチャーが持つべき意識は軸足側。前足は、ボールの上にただ乗せておく。

「ボールの上に足を乗せているので、必然的に軸足で動くしかない状態になっています。気を付けてほしいのが、軸足のヒザの使い方。ヒザが曲がりすぎてしまうと、キャッチャー方向に押すことができません。キャッチャー方向に押そうとすることで、軸足の力の方向性がわかってきます」

動

動

ドリル3　体重移動（チューブあり）

ドリル4　バランスボール転がし

軸足主導の体重移動があってこその回旋運動 回旋運動のイメージは「ぶつける」「挟み込む」

ここから、回旋運動の話へ。「どれだけ速く、股関節を回せるか」がポイントになるが、感覚的には「ぶつける」「挟み込む」というイメージを持ったほうが、結果的に速く回せるという。

「これは、松本航が持っていた感覚ですが、『軸足から踏み込み足へぶつける』というイメージで投げていました。この練習を繰り返したことが、大学での成長につながったと感じています」

辻コーチ曰く、トップレベルの選手ほど、感覚を大げさに表現する傾向にあるという。松本航は、「ジェットコースターのように体重移動をして、踏み込み足を石のように固める」と表現していたことがあるそうだ。

「感覚はあくまでも感覚なので、実際の動作とズレが生じることがあります。でも、本人がその違いをわかったうえで表現しているのなら、それで構わないと思っています」

回旋運動のイメージとして、今のピッチャー陣には、「踏み込み足の股関節に、軸足の股関節を挟み込むように」といった表現も使っている。

「踏み込み足を支点にして、そこに軸足の股関節をぶつけていく。結局、踏み込んだ足に支点がなければ、横向きの体が、キャッチャー方向にただ向きを変えているだけになってしまうのです。これでは回旋運動にはならず、せっかく体重移動で生み出した力を、上肢にまで伝えることができなくなります」

ぶつけるにしても、挟み込むにしても、軸足で体重を移動させているからできることだ。回旋運動に移る前に、踏み込み足に完全に体重が乗っていたら、強く速い回旋を生み出すことはできない。

ここまで、テイクバックやヒジの使い方など、腕に関する話が一切出てきていないが、「テイクバックはほとんど教えない」というのが辻コーチのスタイルだ。

「テイクバックは一番個性が出るところだと思っています。子どものころから大学生になるまで、自分が慣れ親しんできた腕の動きがあるので、そこまで変えてしまうとリリースのタイミングがずれていく恐れがあります。それに、腕は常に空中にあるので、目安となるところが何もありません。たとえば、『あと5センチ、ヒジを上げて』と言っても、人によって解釈が変わってしまう。それが軸足に関して言えば、地面に着いている足なので意識がしやすい。だから、改善もしやすいと思っています」

投球フォームのベースは体重移動＋回旋運動にあるということだ。

ドリル5　回旋運動（チューブあり）
→軸足の股関節をぶつける（写真P214〜215上）

腰にチューブを巻いた状態から、軸足主導で体重移動を行い、軸足の股関節を踏み込み足の股関節にぶつける意識で骨盤を回旋させる。

「足先やヒザではなく、体の中心にある大きな関節を動かすことがポイントです。できるかぎり、強く速く回す。中日に入団した森が、この動作は抜群にうまかったですね。あとはチューブで負荷をかけていることによって、腹筋に力を入れて回ろうとします。腹筋の力が抜けると、チューブに引っ張られる力に負けてしまいます。海外の論文では、『リリース直前に腹筋に力が入っているピッチャーは球が速い』という研究結果もあるほどで、腹筋に力を感じることは非常に大事だと感じています」

とはいっても、体重移動の局面で頭がキャッチャー方向に突っ込んでしまえば、腹筋に力を入れたくても、入れられない体勢になる。すべては、軸足主導で立ち、軸足主導で体重移動を行うことから始まっている。

ドリル6　メディシンボールキャッチ
→回旋運動によって上半身は勝手についてくる（写真P214～215下）

ベンチの上に軸足を乗せた体勢から、軸足の股関節を前足の股関節にぶつける意識で回旋運動を行う。高い場所に乗せることによって、股関節を動かしやすくする狙いがある。

この回旋運動に合わせるように、パートナーが3キロのメディシンボールを右肩の上にトス。ピッチャーは回旋運動を止めることなく、ボールをキャッチして、フォロースルーまで持っていく。

「大事なポイントは、上体の動きだけでフォロースルーを作らないことです。あくまでも下半身の回旋によって、上半身が勝手についてくる感覚を得る。重たいメディシンボールを使うことで、右肩がキャッチャーに向くぐらい大きなフォロースルーを取りやすい。フォロースルーでバランスを保とうとすれば、腹筋にも力が入ってきます」

見本を演じてくれているのは、松本工出身の筒井恒匡（4年）だ。3年秋には最優秀投手に選ばれ、大学日本代表候補にも選出された。「筒井は簡単そうにやっていますけど、これはかなりうまい見本ですよ」と、顔がほころぶ辻コーチ。写真だけではなかなか動きが伝わらないと思うので、ぜひ動画もチェックしてほしい。

動

動

ドリル5　回旋運動（チューブあり）

ドリル6　メディシンボールキャッチ

本当の意味で脂が乗るのは30歳前後
ピッチャーに完璧を求めすぎないこと

取材日にはオープン戦が行われていた。２０２２年のドラフト候補に挙がるエースの矢澤宏太が先発で試合を作ったあと、速球派の大型右腕が登板した。高校時代は背番号10が主で、バリバリのエースではなかった。それでも、大きな体と地肩の強さに魅力を感じた辻コーチが声をかけ、日体大野球部に入部した経緯がある。まだコントロールに不安があり、ストレートが高低に暴れる。この日も高めに抜けていたが、時折、指にかかったストレートはキャッチャーミットを突き刺すような威力があり、大器の片鱗が見えた。

「体が大きい、肩が強いというのは、授かりものです。生まれ持ったスケールの大きさと言うことができます。ただ、こういうタイプに多いのは、ストレートは速いけどコントロールが不安定なため、高校野球ではなかなか使ってもらえない。だいたい、背番号10を着けていることが多いですよね。バッティングが得意な選手は、大学では野手での活躍を目指すこともあります。個人的な想いとしては、どこかで大化けする可能性を持っているのにもったいないなと……。下半身の力が、上半身の力に追いついたときには、コントロールもある程度はまとまっていくものです」

辻コーチは現役を引退したあと、日体大の大学院でさまざまな視点からアスリートの育成について学んだ経験がある。そこで、「たしかにそうだよな」と腑に落ちたことがあったという。

「野球は、ほかのスポーツと比べるとかなり特殊だとわかりました。フィギュアスケートや体操、卓球、テニス、水泳などのオリンピック種目は、10代のうちに世界一を獲ることができます。でも、ピッチャーというポジションに関して言えば、18歳ですごい高校生がいたとしても、メジャーリーグのトップに立つことはできない。20歳を過ぎても難しいですよね。本当に脂が乗ってくるのは、20代後半から30歳を過ぎてから。体ができることで、技術が安定し、さらに思考が深まることによって、再現性が高まっていく。だから、高校生や大学生のうちに完成形を求める必要はないのかなと。指導者が完璧を求めすぎてはいけない。スピードが速い、肩が強い、体が大きい……、もうこれだけでピッチャーとしての魅力は十分なわけですから、長い目で見てあげることが大事だと思います」

最後に、練習に対する心構えを記して締めとしたい。

「できないことができるようになるステップとして、無意識的無能→意識的無能→意識的有能→無意識的有能の4段階があります。学生の多くは意識的有能、つまりは意識したらできるところで満足してしまう。目指すところは、無意識的有能です。意識しなくても、勝手に体が動くところまで持っていかなければ、試合の緊張する場面で力を発揮することはできません。そこまでいくには、意識的有能から質の高い反復練習に取り組み続けることが大事になります」

成長するスピードは人それぞれ。だからこそ、自分の可能性を信じて、日々の練習に真剣に取り組むことが必要になる。1日1日の積み重ねが、ピッチャー人生を切り拓くことにつながっていく。

三重・海星

葛原美峰 アドバイザー

「攻略の基本は『戦わずして、勝つ』『機動破壊』の生みの親が明かす投手攻略」

確率が高いデータがあれば「これをやっていこう!」と明確に伝える

黒田官兵衛を尊敬する名参謀・葛原美峰氏。四日市工(三重)の外部指導者として春夏4度の甲子園を果たすと、2007年からは健大高崎(群馬)のアドバイザーに就き、春夏6度の甲子園出場に大きく貢献した。『機動破壊』の生みの親でもある。2019年からは地元に戻り、海星(三重)のアドバイザーを務める。葛原氏が得意にするのが相手校の偵察・分析だ。いかにして、ピッチャーを丸裸にするか。「投手攻略」の視点から語ってもらった。

PROFILE くずはらよしたか 1956年生まれ、三重県出身。東邦高校から国士舘大学に進学。卒業後は東邦高校のコーチを1年間、翌年からは杜若高校の教員として、監督を14年間務めた。以降も教員を続けながら、四日市工業の外部コーチ、群馬・健大高崎のアドバイザーを歴任。2019年3月に健大高崎を離れ、同年5月に海星高校のアドバイザーに就任。

葛原美峰の「投手攻略メソッド」とは？

一 「戦わずして、勝つ」が大前提

負けたら終わりのトーナメントで「打って勝とう」とは思わない。フォアボールやデッドボールで出塁し、足で揺さぶりをかける。そのために、あえて先攻を選んだり打席での立ち位置を変えるなど、あらゆる策を講じる。

二 ピッチャーの「当てたくない」という心理を利用する

たとえばスライダーが得意な左ピッチャーが相手なら、左バッターは打席の前でベース寄り、右バッターは打席の後ろでベース寄りに立つ。スライダーの軌道上にバッターの右足があるので、ピッチャーに「当てたくない」という心理が働き、投げにくくなる。

三

角度があるピッチャーは高めを徹底して狙う

攻略が難しい角度のあるピッチャーは、徹底して高めを狙う。胸の高さのボール球でも打ちにいくくらいの意識でいい。また、バッターには「低めを捨てろ」ではなく「高めを狙え」と、やってはいけないことではなく、やるべきことを言葉で伝えるのも重要。

四

速い球を打てなければ何も始まらない

速い球に詰まっていたら、バッテリーに舐められて終わり。バッティング練習ではマシンの球速と距離を変えることで「体感速度」を調整する。まずは1・1キロの重いバットで140キロを打ち、慣れてきたら900グラムのバットで150キロ……という具合に速い球を打つ練習を冬場は徹底的にやる。

五

コースよりも球種を重視し、配球傾向をつかむ

3球目までで、配球の傾向は見えてくる。その上でコースではなく球種を重視する。球種の分け方はストレート系、曲がる系、落ちる系、抜く系の4種類。スライダーとカーブの球速が同じくらいなら「曲がる系」でまとめて考えていい。

攻略の大前提は「戦わずして、勝つ」
相手を見て、打席の立ち位置を工夫する

――「投球技術」がテーマの書籍になります。ほかの章で投手育成について紹介しているので、葛原先生にはぜひ「攻略」の目線からお話を伺えればと思います。ピッチャーを分析するとき、どんな視点でチェックを入れていますか。

葛原　まず、攻略の大前提として考えることが、「戦わずして、勝つ」です。バットを振らずに勝つ。いかにして、相手の自滅を引き出せるか。フォアボールやデッドボールをもらって、さらに足で揺さぶりをかけていく。負けたら終わりのトーナメントの戦いで、「打って勝とう」なんて思ってはいけません。

――『機動破壊』を作り上げた葛原先生らしい考えですね。自滅を引き出すには、どんな策がありますか。

葛原　先攻を取ることをおすすめします。ピッチャーにとって、試合でもっとも不安なのが立ち上がりです。それも、1回裏よりも1回表のピッチング。1回裏であれば、1回表に味方が先制してくれていることもあるわけで、気持ちの面でまったく違います。でも、1回表は必ず0対0で始まる。プレイボールの直後の緊張感で、ボール球が増える傾向にあ

るので、狙わない手はありません。健大高崎でも一時期、先攻ばかり取っているときがありました。今の海星の森下晃理監督にも、先攻を取るように助言しています。

——印象としては、ジャンケンで勝つと、後攻を取る学校が多いように思います。

葛原　私の経験では、8割後攻ですね。だから、常に先攻で戦う準備をしておいたほうが、自分たちの流れで立ち上がりを迎えられるはずです。

——そう考えると、先攻の先頭打者がかなり重要になりますか。

葛原　どうすれば、戦わずに勝てるか。ひとつの例を挙げれば、打席の立ち位置ひとつで視界が変わります。バッターからすれば、ボール球にバットが止まるようになり、ピッチャーからすれば、「投げにくい」という心理が生まれる。まず、初回の投球練習で、球が上に外れているのか、下に外れているのかをチェックします。ベンチからでは左右のコースは見えづらいですが、上下のずれは誰でもわかります。もし、上に抜けている場合は打席の前（＝ピッチャー寄り）に立ち、下に叩いているのなら打席の後ろ（＝キャッチャー寄り）に立つ。これを基本線として考えて、選手にも伝えています。

——その狙いはどこにありますか。

葛原　どれだけ速い球であっても、ボールは上から下に落ちてきます。浮き上がって見えるのは、目の錯覚に過ぎません。上に抜けているのなら、前に立ったほうが高めのボール球をよく見極められるようになります。後ろに立つと、ボールが落ちてくる関係でストライクに見えて、振ってしまうことがあるのです。これは、球審も同じで、打席の後ろに立っていたほうが「ストライク」をコールしやすい。さらに言えば、速球派のピッチャーの場合は、前に立たれると「打てるもんなら打ってみろ!」と余計な力みが入りやすく、コントロールを乱すことにつながります。バッターとしては、はじめからフォアボール狙いを匂わせるのではなく、打つ気満々の気持ちを見せることも大事になります。

——なるほど、四球狙いだとわかれば、相手ピッチャーも楽に投げてくるわけですね。

葛原　そういうことです。もうひとつ、打席の後ろに立つ場合は、ストレートはもちろんですが、変化球がワンバウンドになるピッチャーに効果を発揮します。打席の前に立つと振ってしまうバッターでも、後ろに立つと見極められる。ボールの到達点が、後ろに立てば立つほど低くなりますからね。

——1打席の中でも、前後に動くことはありますか。

葛原　当然あります。ピッチング練習で高めに上ずっていても、試合で2~3球投げて、指にかかったボールが低めにくるケースもある。その場合は、通常の立ち位置に戻します。

でも、過去の経験からいくと、1番打者でいきなり良くなることはほとんどないですね。練習で高めに抜けているピッチャーは、そのまま抜けているケースが多い。一方で、低めに外れているピッチャーは、次第に球筋が安定してくることがあります。精神的にも、低めに投げているほうが落ち着いているものです。

打線に〝嫌がらせタイプ〟を2人置く 打席内の移動は靴半足＝15センチまで

――今は打席の前後の話でしたが、ベースに近づく、あるいは離れるという観点ではいかがでしょうか。

葛原　細かいポイントがいくつかあります。たとえば、スライダーが得意な左腕に対しては、いかにスライダーを投げにくくさせるかが重要になります。右バッターが打席の前に立つと、インコースをかすめるスライダーが投げやすくなる一方で、後ろに立ち、さらにホームベースに近づくと、右足に当たる感じがして、腕が振れなくなるものです。左対左の場合は、外に逃げるスライダーの攻防がポイントになります。打席の前に立ち、右足をホームベースの近くに置くことで、右足が邪魔になり、スライダーがアウトコースに外れやすくなります。これが、打席の後ろに立つと、デッドボールの心配がなくなるので、ピッチャーは気持ちよく投げることができるのです（図P227）。

――やはり、ピッチャーとしては「当てたくない」という心理が働くのでしょうか。高校野球では、ホームベースにベタ付きをして、インコースに投げさせない作戦を取るチームもあります。

葛原　大いにありですね。ただし、全員そのタイプにする必要はありません。私の考えでは、〝嫌がらせ〟に徹するバッターを、打線の中に2人起用します。初球は振らずに、セーフティバントの構えで揺さぶったり、ホームベースに近づいたり、打席の中で動いたり、2ストライクから意識的にファウルを打ったり、彼らにはヒットは求めません。打順で言えば、二番、七番、八番あたりに置くことが多いですね。一見すると目立たないですけど、記録には表れない活躍をしてくれたことで、勝ちをもぎとった試合はいくつもあります。ヒットを打っていなくても、「あいつのおかげで勝てた」とチームが称賛できるときは強いですね。

――代打で出塁がほしいときにも、こういうタイプを起用しますか？

葛原　逆に、体の大きな大砲系を使うのも面白いですよ。接戦の展開であれば、ストレートでいきなりストライクを取ってくる可能性は低い。右対右であれば、外のボールになるス

対左腕の立ち位置

左投手の攻略法
（打たずに崩していく方法）

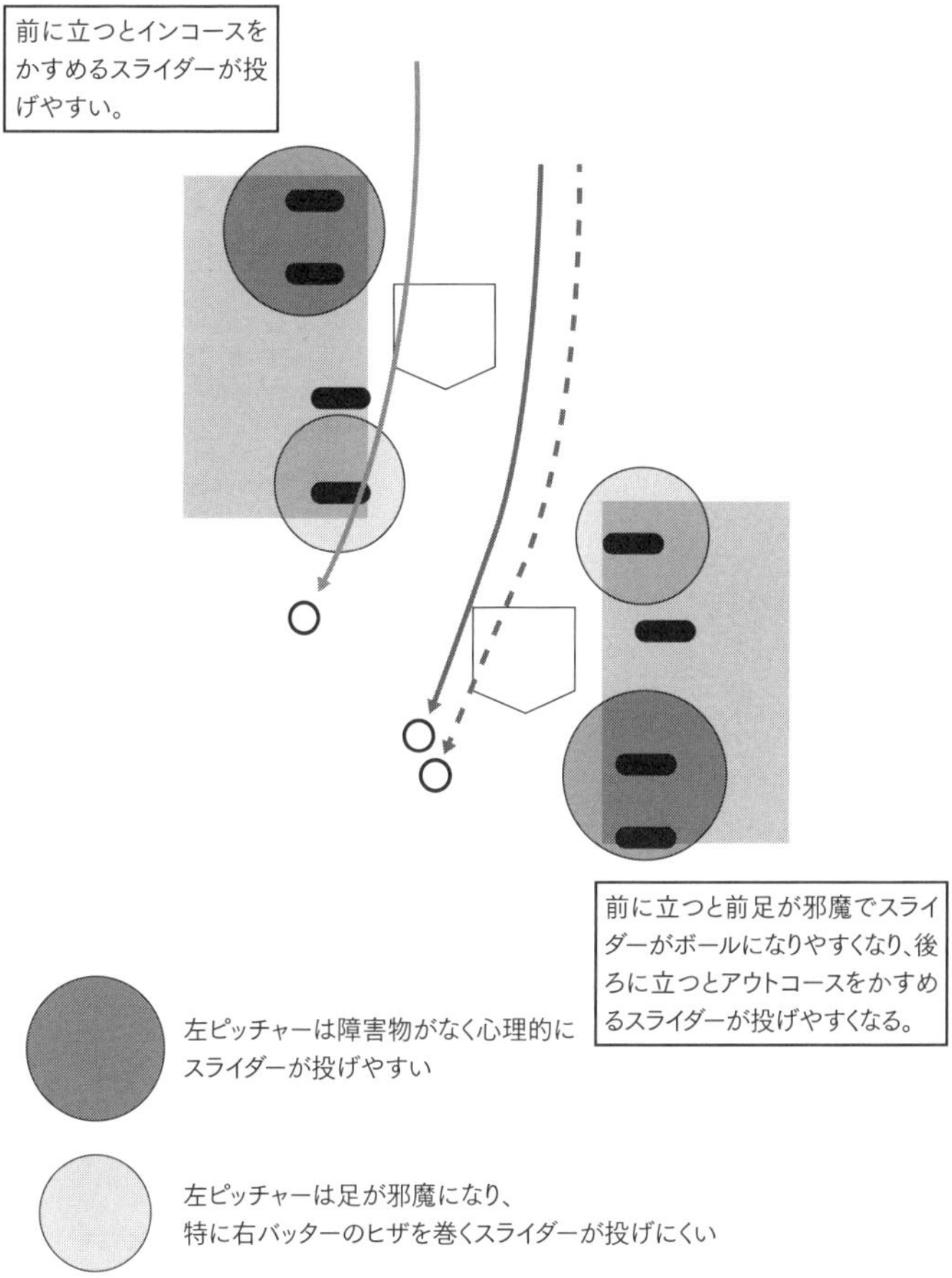
前に立つとインコースをかすめるスライダーが投げやすい。
前に立つと前足が邪魔でスライダーがボールになりやすくなり、後ろに立つとアウトコースをかすめるスライダーが投げやすくなる。
左ピッチャーは障害物がなく心理的にスライダーが投げやすい
左ピッチャーは足が邪魔になり、特に右バッターのヒザを巻くスライダーが投げにくい

ライダーから入ってくることがほとんどです。体が大きいだけで、「長打があるんじゃないか？」と勝手に警戒してくれて、ボール先行カウントになる。このバッテリーの心理を生かさない手はありません。

――面白い視点ですね。

葛原　あとは、フォアボールをもぎ取るには攻撃側の伝令を効果的に使うことです。一番効果があるのが、満塁、フルカウントの場面でタイムを取ること。伝令を送って、指示を出す。別に何か特別なことを言うわけではなく、時間を作ることに意味があります。ピッチャーにとって、これほどイヤな間（マ）はありませんよ。高い確率で押し出しを取ることができます。

――ここまでは「戦わずに勝つ」が中心の話ですが、いざ、打ちにいくことを念頭に置いたときには、どんなことを考えますか。

葛原　私の中で忘れもしない、先頭打者ホームランがあります。2011年秋の関東大会1回戦（文星芸大付）で、先頭打者の竹内司（JR東海）が初球のインコースのストレートを狙い打って、山梨・小瀬球場のライトポールに直撃するホームランを打ちました。なぜ、印象に残っているかというと、前日のミーティングで、「ファーストストライクはインコースに放ってくるから、狙い打て。そのために、ホームベースから15センチ離れるように」と指示を出していたのです。ベースにくっ付いていたら差し込まれていたでしょうし、20センチ離れていたら、ポール際のファウルになっていたはずです。

――なぜ、15センチだったのでしょうか。

葛原　ほかの学校を見ていると、靴1足分（＝約30センチ）で調整しているバッターが多いように感じます。〝嫌がらせ〟タイプは別にして、打ちにいくバッターは30センチも打席を動くと、選球眼が狂ってしまう。たとえば、インコースが苦手でアウトコースが得意なバッターが、インコースに詰まるのがイヤなので、ホームベースから30センチ離れたとします。インコースはたしかにバットが出やすくなりますが、本来は得意だったアウトコースがかなり遠くに感じてしまい、バットが出なくなってしまうのです。

――靴1足分も動く必要はないわけですね。

葛原　そういうことです。動いたとしても、半足です。私の経験則からして、10センチ～15センチの移動なら、キャッチャーには簡単に気づかれません。また、知識として頭に入れておいてほしいのは、ボールの直径が何センチか、ということです。答えられない高校生もいますが、正解は約7センチ。コントロールのいいピッチャーになると、ボール1～

2個分の出し入れをしてきます。つまりは7センチから14センチの出し入れ。そう考えると、バッターもそれを基準にして動いたほうが、対応しやすいことになります。

対応が難しいのは上からの角度 高めの球を徹底的に狙っていく

――葛原先生にとって、攻略が難しいのはどんなタイプのピッチャーですか。

葛原　上からの角度があるピッチャーです。人間の目は横についているので、横の角度は何とか対応できますが、上下の角度はなかなか難しいものです。その角度は190センチの長身だから打ちにくいというわけではなく、170センチのピッチャーでも角度を感じるピッチャーはいます。

――角度がある場合には、どう対応していくのでしょうか。

葛原　高めを徹底的に狙っていくことです。胸の高さのボール球でも打ちにいくぐらいの意識を持つ。低めは角度がより厳しくなるので、ヒットにするのが難しくなります。

――特に長身のピッチャーに対してですが、バッターのアゴが上がって、見上げるような目線になることはありませんか。それによって、後ろの肩が下がり、スイング軌道が変わってきてしまう。

葛原　そうならないために、バッターボックスに入ってからの構え方を工夫しています。右バッターであれば、ショート方向にバットのヘッドと顔を向けて、その角度からバットと顔を戻して構えます（写真P232）。

――右目でピッチャーを見ている姿が、かつての原辰徳さん（巨人）のようですね。

葛原　少しアゴを引いて、両目でピッチャーを見る狙いがあります。上からの角度を意識するあまり、顔が傾いてしまうと、高めの球はまず打てなくなります。練習のやり方にも注意が必要で、ロングティーで気持ちよく飛ばしていると、後ろ肩が下がっていきやすい。特に低めを重点的に打っているチームは要注意です。

――構えたときの見方が、投手攻略につながっていくのですね。

葛原　健大高崎が、2011年夏に甲子園初出場を果たしたとき、群馬大会の決勝戦で高崎商の金井和衛投手と対戦しました。身長192センチの長身右腕です。当日朝のミーティングでは、実際にこの話をしました。「右バッターはショート、左バッターはセカンドを向いてから構えなさい」。もうひとつ加えたのが、「高めを徹底的に狙うこと」。金井投手は低めのチェンジアップを得意にしていましたが、高めを狙うことで、低めを切ることができる。選手に伝えたのは、「チェンジアップを見逃すときは、ただ見逃すのではなく、キャッチャー

上からの角度のあるピッチャーには構え方から工夫

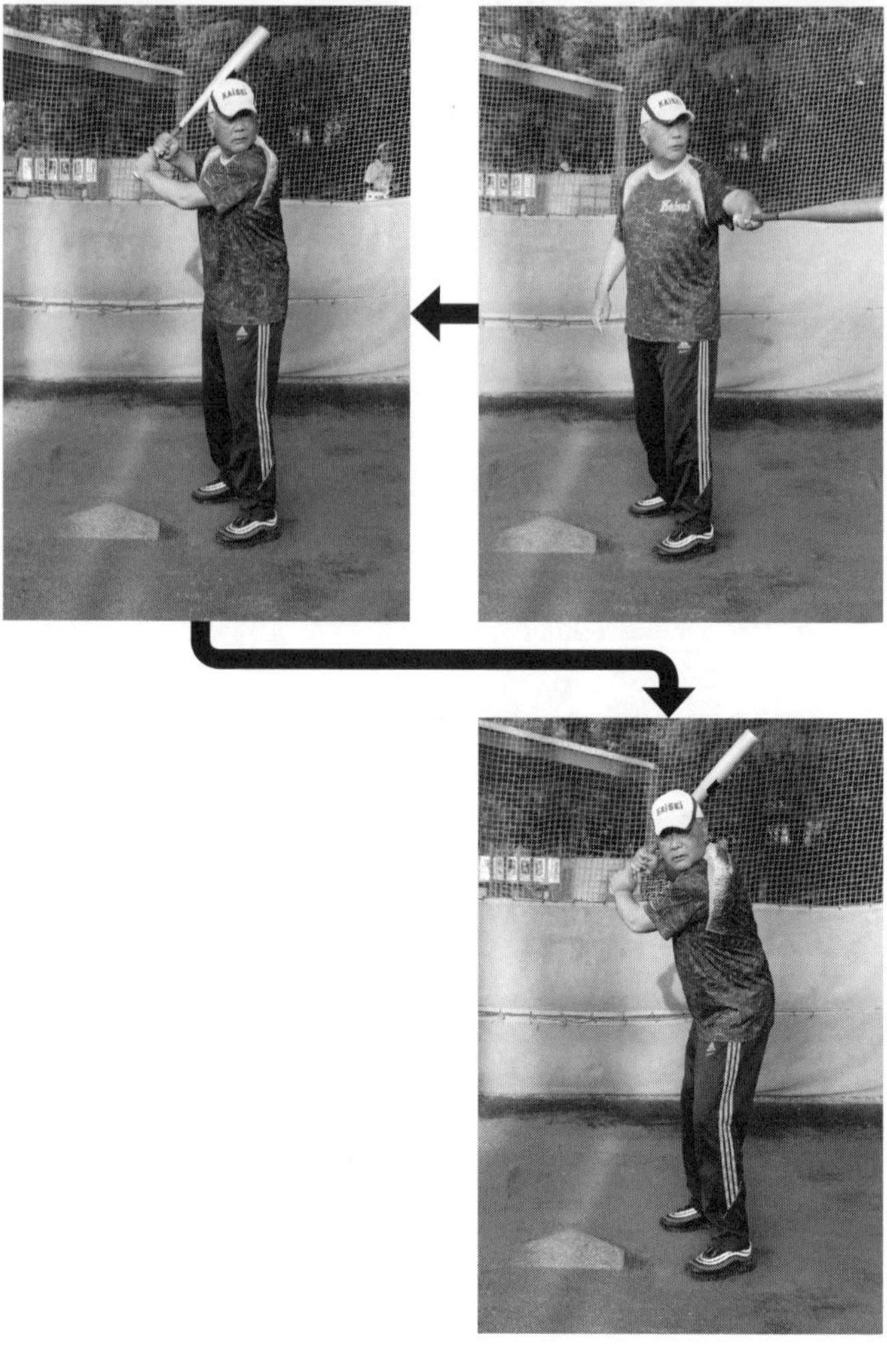

に聞こえるように『ふん……！』と声を出しなさい」。何をしたかったかと言うと、「完全に見極めているよ」ということをキャッチャーに伝えるためでした。

――「ストライクゾーンを上げなさい」という指示はよく耳にしますが、いざ試合になると低めの変化球に手を出すなど、実践するのはなかなか難しいと思います。何かポイントはありますか。

葛原　よく言われる話ですけど、言葉の伝え方が大事になります。「低めを捨てろ！」ではなく、「高めを狙え！」とやるべきことを口にする。「低めを捨てろ！」では、打つべき高めまで手が出なくなってしまいます。指導者としては、たとえ高めのボール球を振って、内野フライを打ち上げても、怒ってはいけません。高めを打ちにいっている分、フライになる確率は高くなります。あとは、低めの見逃し三振もオッケー。高めも低めも両方追いかけてしまったら、「二兎を追う者は一兎をも得ず」になりかねません。いいピッチャーと対戦するときほど、二兎は追わない。欲を出してもいいことはありません。

――2012年のセンバツでは、大阪桐蔭の藤浪晋太郎投手（阪神）と対戦していますね。

葛原　モノが違いましたね。高めだけを狙わせた結果、竹内がアウトハイのストレートをレフトのポール際に放り込んでくれました。8回まで1対1と粘りましたが、そこまでが精一杯でした。

――藤浪投手のスライダーのように、高校生でもドラフト上位のトップクラスになれば一級品の変化球を持っています。どう対処していきますか。

葛原　本当にすごいピッチャーは無理ですね（笑）。最近で言えば、桐光学園の松井裕樹投手（楽天）。2年生のときに健大高崎と練習試合をしましたが、20三振近く取られました。あれは打てません。どうしたって打てない球はある。そんなときは、相手のピッチャーが上だったと称えたほうがいいでしょう。

――「恐れ入りました！」と。

葛原　変化球が優れたピッチャーに対しては、「2ストライクから、何とか触れ！」という言い方をします。ヒットを打つのは無理でも、何とか触って、ファウルで粘る。「これで決まった！」と思ったウイニングショットがファウルになると、ピッチャーはイヤなものです。そういうところから、崩れていくこともありますから。

――触るためには何が必要ですか。2ストライクからノーステップバッティングを取り入れるチームも増えてきています。

葛原　効果があると思います。でも、ただ足を広げればいいというものではありません。私の教え方は「足を開く」「体をねじる」「構える」という三段階。いきなり構えるのではなく、ひとつずつ手順を踏んで構えるところがポイントです。

――テイクバックを取った、「割れ」の形で待っている感じですね。

葛原 そういうことです。この打ち方がわかってくると、最初からノーステップで打つバッターも出てきます。足を広げてノーステップにするだけで、単なる手打ちになっているバッターもいますが、これでは意味がありません。

制約を付けてこそのフリーバッティング
速い球を打てなければ何も始まらない

――ノーステップバッティングは、普段の練習から取り入れているのでしょうか。

葛原 毎日やっています。5カ所のフリーバッティングのときに、マシンを3台（右のスライダー、左のスライダー、アームマシンからの速球）置き、もう2カ所は5メートル前からイスに座った選手がピュッとキレのあるボールを投げる。手投げのケージは2ストライク後の対応で、ノーステップ打法で打つのが約束事になっています。「フリーバッティング」と聞くと、自由に何でも打っていいと思う高校生がいますが、フリーこそ制約を付けるべきです。私が考えるフリーの意味は、「自分で想定を決められる自由さがある」。ただ、引っ張って気持ちよく打っているだけでは、実戦につながっていきません。

――たしかに納得です。左右のスライダーは毎日やるのですね。

葛原　体から逃げるスライダー、体に入ってくるスライダーの両方に対応する練習です。右バッターが苦手にしているのが、体に食い込んでくる左腕のスライダー。イメージとして伝えるのが、三塁前に転がすセーフティバントです。バットの芯を体の前に素早く出して、自分の目でボールをとらえられる距離感を作る。バッティングも一緒で、いかにバットの芯を体の前に素早く出すか。ボールを引き付けすぎると、差し込まれてしまいます。

――左バッターは、外に逃げるスライダーを苦手にしているように感じます。

葛原　苦手な高校生が多いですね。アドバイスとしては、「打ったら三塁に走りなさい」と教えています。どうしても、一塁に早く走ろうとするので体が開き、外のスライダーが遠くに見えてしまう。打ったあとは、後ろ足がホームベースに一歩踏み出すぐらい、腰をしっかりと入れてスイングする。実際にフリーバッティングでも、三塁方向に1～2歩、走らせることがあります。

――高校野球でよく耳にするのが、「速球対策」として短い距離から150キロ近いストレートを打たせる練習があります。どれほどの効果があるものですか。

葛原　「目慣れ」としての意味はあると思います。ただし、ピッチングマシンであっても、出力を上げるにつれて、コントロールミスの可能性が出てきます。150キロでデッドボールを食らうと致命的なケガにもなりかねません。私が大事にするのは、「体感速度」です。18・44メートルの3メートル手前から、120キロのストレートに設定すれば体感は140キロ、4メートル前にすれば、体感は150キロ。このような形で、距離を変えることによって体感速度を調整するようにしています。今年の冬は5メートル前に120キロ設定のマシンを置いて、体感速度160キロで打たせていました。

――高校生でも打てますか？

葛原　もちろん、いきなりは無理ですよ。私のやり方は、1・1キロのバットで140キロが打てるようになったら、900グラムのバットで150キロを打たせる。速度に慣れてきたら、今度は1・1キロで150キロ。冬はひたすらストレートだけを打ち込んで、2月の後半にはここまで持っていきます。3月頭には、900グラムで160キロ。とにかく、振り負けない力をつける。筋トレの代わりにバットを振る。暖かくなってから、変化球を入れていきます。

――重たいバットで速い球を打つには、トップからバットが遠回りしていたら打てませんね。

葛原　もう、理屈ではありません。速い球を打っていれば、スイングのぜい肉が自然に取れていく。選手によく言うのは、「速い球に詰まっていたら、バッテリーに舐められて終わりだよ。舐められたら、ケンカは負け」。ストレートを狙っているのにストレートに差し込まれていたら、勝負になりません。

――1・1キロバットの140キロからスタートして、打てない選手も対応できるようになりますか?

葛原　土台を作るための素振りがあります。1・1キロバットを使った「1分間スイング」で、80スイングが目標。それができたら、900グラムのバットで100スイング。実際にやってみるとわかりますが、腕だけのスイングでは疲れがたまって振れない。スイングのぜい肉を取るのには、おすすめの練習です。

――数を振ること、数を打つことに大きな意味があるのでしょうか。

葛原　間違いありません。特に数を打たせること。私の感覚としては、守備は1000本ノックを受けてもうまくならない選手はうまくなりませんが、バッティングは数を打てばそれだけ上達する。バッティングのほうが簡単だと思います。

――マシンを打ちすぎることで、ピッチャーとのタイミングが取れなくなるバッターもいると聞きます。

葛原 それはシーズンに入ってからやればいいことで、冬場は徹底して速い球を打ち返せる力をつける。持論としては、「速い球が打てれば、バッティングのほとんどのことは解消できる」。150キロを打てるということは、それだけのスイングスピードとパワーがあるわけで、変化球を投げられても体の近くまで持ってくることができます。バッティングの一歩目は、速い球を打てるようになること。一歩目がなければ、次のステップはありません。

――重たいバットはシーズンに入ってからも使いますか。

葛原 1・1キロを使うのは冬場だけです。シーズンに入れば、900グラムの金属バット。試合で扱うバットを使ったほうが、実戦での対応力が上がっていきます。そこは、試合がある時期とない時期で、考え方を変えています。

マシンはプレートから1メートル横にずらす 体の3～4メートル前にカーテンを下ろす

――角度の話に戻りますが、「上からの角度は難しくても、横の角度は何とかなる」という話でした。横の対応として、気をつけることはありますか。

葛原　ピッチングマシンの設定ですね。たとえば、右ピッチャーが三塁側のプレートを踏んで投げた場合、ボールを投げる位置はプレートよりもさらに三塁側になるわけです。腕の長さの分、横にずれます。マシンを置く際にも腕の分だけずらさなければいけません。目安としては、プレートから1メートル横。マシンを置く場所を間違ってしまうと、実際のピッチャーが投じる角度に戸惑うことになります。

――角度を再現することがポイントなんですね。

葛原　変化球にしてもそうです。スライダーであれば、対戦するピッチャーの軌道とマシンの軌道を合わせる。どこからどんな曲がり方をして、どれぐらいの球速だったのか。脳裏にあるスライダーを再現するのが、私の仕事になります。言うまでもなく、プレートのどこを踏むかによっても軌道が変わってきます。

――たしかに、そのとおりですね。

葛原　同じ右ピッチャーのスライダーであっても、一塁側から投げるか、三塁側から投げるかでは軌道が違います。これはピッチャーを指導する側の視点ですが、私がおすすめしているのが、右対右でプレートの一塁側からインコースに投げるスライダーです（図P241）。バッターからすると、自分のほうに向かってくる軌道になるので、思わず逃げそ

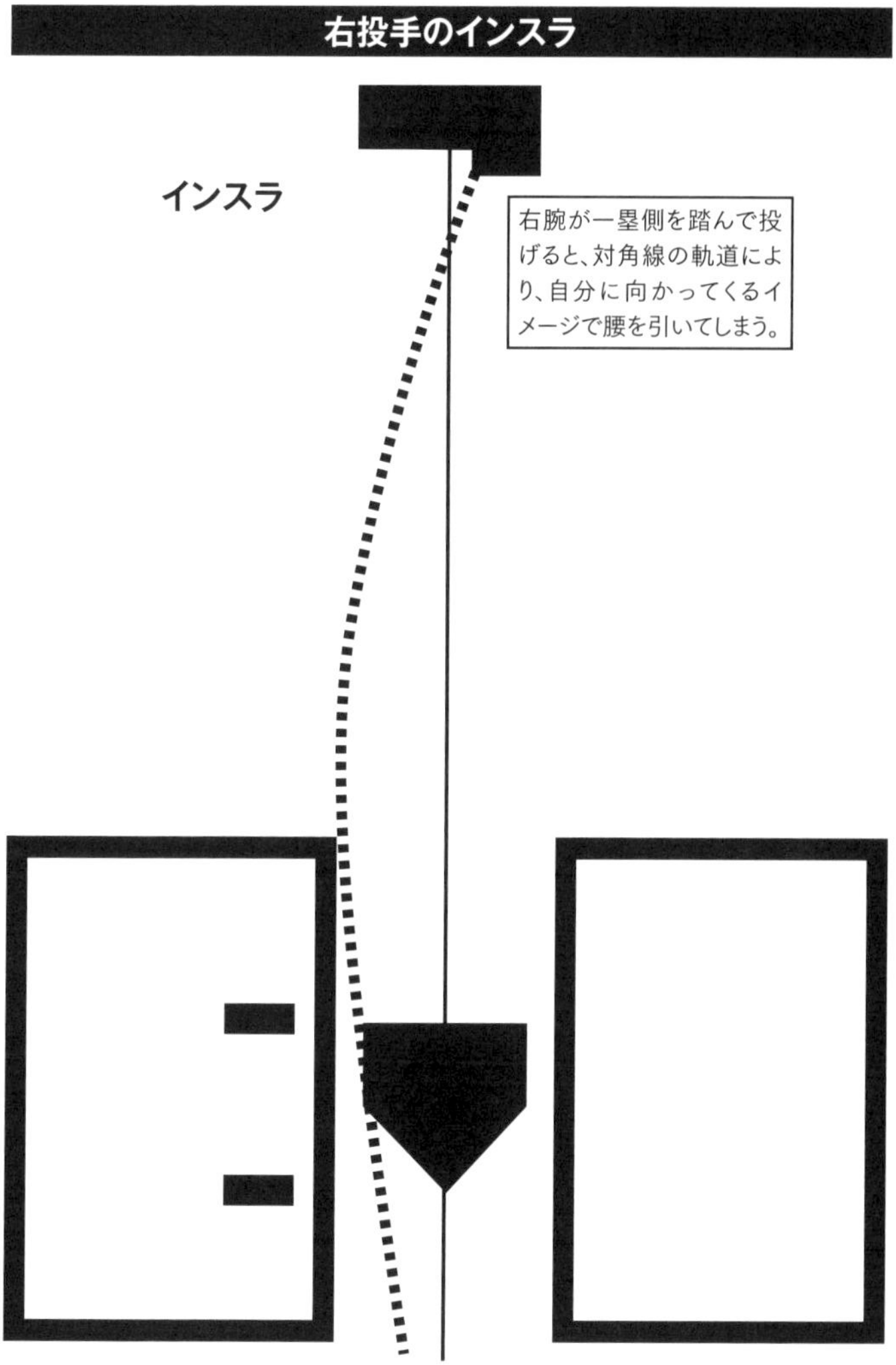
右投手のインスラ
インスラ
右腕が一塁側を踏んで投げると、対角線の軌道により、自分に向かってくるイメージで腰を引いてしまう。

うになる。腰が引けた状態での見逃しストライクになりやすい。私は何十年と使っていますが、ほとんど打たれることはありません。

――右対右のインスラは、プレートの三塁側から投げるイメージがありましたが、決してそうではないと。

葛原　プレートの踏む位置ひとつでピッチングは変わります。私は基本的には、右ピッチャーは一塁側、左ピッチャーは三塁側という考えで教えています。

――一般的なセオリーとは逆ですね。どんな狙いがありますか。

葛原　右対右、左対左でアウトコース中心に攻める場合、右ピッチャーが三塁側から投げると、シュート回転でホームベースのどこかを通る可能性があります。これがもっとも長打を浴びやすい。左ピッチャーが一塁側を踏んだときにも同じことが言えます。これが、三塁側から左バッターの外を狙えば、投げミスをしても痛打を浴びる可能性を下げることができます。

――なるほど、納得の考えです。ピッチャーの攻略に戻りますが、ボールになる変化球を見極められるかが大きなポイントになる試合が多々あります。「ベルトの高さから落ちるチェンジアップはボール球」など、何らかの基準を作って、見極める方法もあるようですが、葛原先生はどんな教え方をしていますか。

葛原 私がよく言うのは、「自分の体の3〜4メートルぐらい前にカーテンを下ろせ。カーテンのところで、インパクトを迎えることを考えなさい」。ホームベース上でとらえようとしたら、反応は遅れてしまいます。

――3〜4メートル前の空間に、もうひとつストライクゾーンを置いておくイメージでしょうか。

葛原 そういうイメージですね。カーテンを通過するときにストライクゾーンに入っていれば、それはストライクです。そして、ボールとバットの関係が直角になるようにバットを入れていく。「軌道に対して、バットを線で入れて、面でとらえなさい」という表現を使っています。

――「線で入れて、面でとらえる」ですか? あまり聞かない表現です。

葛原 「線で入れる」は、高校生でもイメージができるのですが、「面でとらえる」がなかなか難しいようです。ボールに対して、バットを直角に入れていく。この感覚を磨くためには、バスケットボールを打つのがおすすめです。重たいバスケットボールは、ミートポイントが少しずれるだけで変な回転の打球になってしまいます。

——変化球も同じ考えですか。

葛原　縦の変化に関しては、「点で打て」です。感覚的な表現ですが、「面で打つのが『ブーン！』であれば、点で打つのは『パンッ！』」。ボールが落ちてくる一点をとらえるイメージを持つ。じつはアンダースローを攻略するときにも、点で打ったほうが対応しやすくなります。

「コース」よりも「球種」を重視 配球の傾向は3球目までに出やすい

——葛原先生が試合を見るときは、9分割のチャート表みたいのを記録しているのでしょうか。

葛原　簡単なチャートは付けていますが、ネット裏からではインハイかインコースの真ん中なのか、はっきりとはわからないことがあります。それを前提としたうえで、ザッと付けている感じです。

——選手には何か付けさせていますか。

葛原　偵察は私の仕事なので、細かいところはすべて自分の目で見ます。選手に書かせているのは、カウント別の球種です（P245=配球チャート）。

——こういうシートは初めて見ました。打席ごとにどのカウントで何を投げたか、すぐに

三重・海星

葛原美峰 アドバイザー

葛原先生作成「配球チャート」

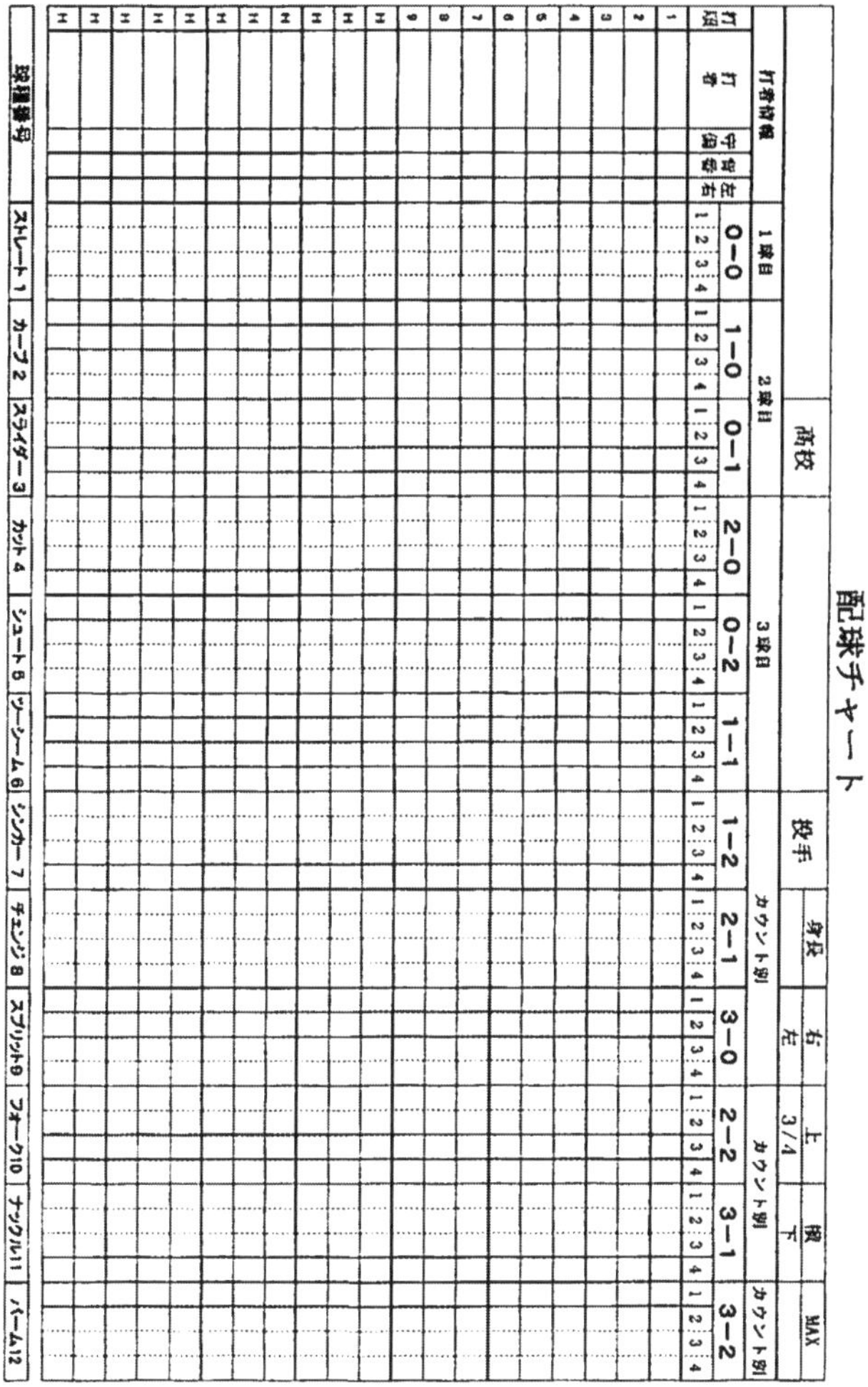

配球チャート

高校　投手　身長　右 左　上 3/4 下　限　MAX

打者情報：打順　打者　守備　背番号　左右

1球目：0−0（1 2 3 4）

2球目：1−0（1 2 3 4）　0−1（1 2 3 4）

3球目：2−0（1 2 3 4）　0−2（1 2 3 4）　1−1（1 2 3 4）

カウント別：1−2（1 2 3 4）　2−1（1 2 3 4）　3−0（1 2 3 4）

カウント別：2−2（1 2 3 4）　3−1（1 2 3 4）

カウント別：3−2（1 2 3 4）

打順：1　2　3　4　5　6　7　8　9　H　H　H　H　H　H　H　H　H　H　H

球種番号：ストレート1　カーブ2　スライダー3　カット4　シュート5　ツーシーム6　シンカー7　チェンジ8　スプリット9　フォーク10　ナックル11　パーム12

確認することができますね。コースは書かないんですね。

葛原　選手が書くことも考えて、簡易的にしています。重要度を考えても、コースよりは球種です。カーブを待っていたときにストレートがきたら、手が出ませんから。このシートのいいところは、そのバッターに対する1球目の入りがすぐにわかることです。もう少し細かく、ランナーなしや得点圏など条件を設定していくと、より傾向が出るはずです。

——1球目、2球目、3球目という分類にしてありますが、どんな狙いがありますか。

葛原　3球目までに、おおよその配球の傾向は見えてきます。面白いもので、1巡目はストレート中心、2巡目は変化球中心、3巡目はミックスといったこともわかってきます。カウント別では0－0からの入り球、2－0や3－1などボール先行カウントでのカウント球は、バッテリーの特徴が表れやすいですね。

——球種はカットボールとスライダー、ツーシームとシュートの違いなど、どの程度までわけていますか。

葛原　ストレート系、曲がる系、落ちる系、抜く系ぐらいですね。スライダーとカーブが同じような球速であれば、わざわざわけて考える必要はないと思っています。厄介なのは、それぞれの球種で10キロずつぐらい差があることです。140キロ、130キロ、120

キロ、110キロの球速で、違う球種を持っていたら、これは攻略が難しい。ピッチャーに口酸っぱく言っているのは、「バッターがイヤなのは、球速よりも、コースよりも、緩急。だから緩急を覚えなさい」。球が速いだけでは、いずれ打たれてしまいます。

――ピッチングマシンでいくらでも練習できる時代になりましたからね。緩急があるピッチャーにはどう対応していきますか。

葛原　どの球速に合わせるかを考えます。140キロに合わせるのか、あるいは130キロに合わせるのか。当然、カウントによって合わせ方は変わってきます。

――そこで、さきほどのシートが役立っていくわけですね。

葛原　ただし、気をつけなければいけないのは、「このカウントで変化球がくる」とわかっていても、変化球が苦手なバッターがいることです。指導者からすれば、「おいしいカーブ」と思っていても、そのバッターにとってはまた別の話。もし、ストレートのほうが得意であれば、ストレートを狙わせておく。チームとして全体のテーマをもうけたうえで、あとは個々のバッターに狙いを授けていくことが大切です。そうしないと、本来であれば打てるはずのストレートをみすみす逃してしまう可能性もありますから。

――球種という観点で見ると、カットボールを投げる高校生が増えてきています。ツーシームを含めて、小さく曲がる変化球にはどんな対応をしたらいいのでしょうか。

葛原　大事なことは、スイングが緩まないことです。変化したのがわかると、バッターはスイングを緩めてしまいがちですが、バットの先でも根元でもいいので、構わずに振り抜く。金属バットなので、芯を少し外れても強い打球になります。フリーバッティングのときから、ボール球でも何でも振るエンドランの練習を入れるのがおすすめです。転がすためのエンドランではなく、強い打球を打つためのエンドラン。必然的に、バットを強く振り抜くことを覚えていきます。

——左ピッチャーのチェンジアップはどうでしょうか。葛原先生が指導していた頃の健大高崎は、チェンジアップを得意にしていた左腕が毎年活躍していた印象があります。

葛原　漠然とした言い方ですけど、どんな形でもいいので出塁して、ランナーを置いた状態で攻撃することです。ランナーが二塁や三塁に行けば、チェンジアップの比率は下がっていきます。ワンバウンドを投げたくないので、ボールが浮いてくる可能性もある。それに、二塁ランナーの視点からすると、チェンジアップの握りが丸見えなので、盗塁やワンバウンドゴーを狙う準備もできます。

——といっても、ランナーを出すまでが大変なピッチャーも多そうですが。

葛原 特に右バッターに言えることですが、チェンジアップを逆方向に打とうなんて思わないことです。よく、「逆方向に押っ付けろ」という指示が出ますが、私から言わせれば「常識のウソ」。技術の未熟な高校生は、ファウルか右方向のフライにしかなりません。

――どうしてもヘッドが下がってしまう印象があります。

葛原 右バッターは「引っ張れ！」でいいんです。引っ張ろうと思えば、真ん中から内寄りのボールを待つようになるので、外に逃げるチェンジアップを追いかけなくなります。右方向に打とうとするから、チェンジアップにも手が出る。相手の術中にはまるだけです。

――右バッターにはチェンジアップを多投する左腕も、対左になるとチェンジアップを投げられなくなるピッチャーもいます。このあたり、葛原先生は指導されていますか。

葛原 最近は、左対左でチェンジアップを投げるピッチャーが少しずつ増えてきたと見ています。右対右でも投げていますよね。体の近くに落ちてくる変化球なので、バッターからするとかなり打ちにくい。健大高崎時代、2015年センバツの2回戦で左腕の川井智也が、天理の左の強打者・船曳海選手（日本新薬）に対して、チェンジアップを投げたことがありました。カウント3－2から、キャッチャーの柘植世那（西武）がサインを出して、見事に空振り三振。ミートセンスのうまい船曳選手対策として、練習していたボールだっただけに、今でも印象に残っています。

――ちなみにプレートはどっち側を踏んでいたのですか？

葛原　三塁側からのチェンジアップです。

――より食い込んでくる感じがあったかもしれませんね。

相手も対策を練ることを頭に入れるキャッチャーのクセも要チェック

――いろんなことを調べあげても、試合が始まってみると、「あれ？　違うぞ」という展開もありうるわけですよね。

葛原　当然ありますね。それを見越したうえで、選手には伝えています。「カウント球の入り方が今までと違っていたら、ちょっと怪しいと思いなさい」。相手チームも偵察をして、対策を立ててくるわけですから、何かしらの変化があるわけです。

――足を武器にする健大高崎に対して、けん制のパターンを隠し持っていたピッチャーもいそうですね。

葛原　実際にありました。2014年夏の群馬大会決勝、1対0で伊勢崎清明を下して優勝しましたが、非常に苦しい戦いでした。伊勢崎清明の左腕・青柳正輝投手（群馬ダイヤモンドペガサス）は、準決勝までセットポジションからグラブが下がったら、１００パーセント投球でした。だから、そのタイミングでスタートを切るように伝えていたのですが、決勝戦はグラブを下げてからのけん制を入れてきたのです。そのけん制で、健大高崎は２度アウトになりました。

――裏をかいてきたのですね。

葛原　あとで聞いたところによると、これまでの健大高崎のスチールを見て、ピッチャーの足が上がる前にスタートを切っていることに気づいたそうです。ピッチャーのクセがわかっていなければ、そのスタートは切れませんからね。そこで、伊勢崎清明の斉藤宏之監督が青柳投手のビデオを見返したところ、グラブの使い方にクセがある。決勝では、けん制のパターンを変えることで、健大高崎の足を封じ込めてきました。

――それは面白い駆け引きですね。

葛原　もうひとつ、けん制をめぐる攻防で記憶に残っているのが２０１７年夏の前橋育英との決勝戦です。１４０キロ台後半のストレートを投げる皆川岳飛投手（中央大４年）が、前橋育英のエースでした。セットポジションの秒数を調べると４秒が最高で、それ以上持つことはない。だから、４秒過ぎたらスタートを切る練習をしていました。ところが、先頭の俊足・小野寺大輝（亜細亜大4年）が出塁したときに、皆川投手が5秒以上持ったのです。小野寺はホームに投げる前に飛び出してしまい、挟殺プレーでアウト。結局、この試合で皆川投手は最大で8秒持つ場面がありました。

――完全なる健大高崎対策ですね。葛原先生はベンチではなくスタンドで見ている立場ですが、こういうときはどういう指示を出すのがいいのでしょうか。

葛原　「データと違う」というのは誰もがわかるので、監督が機転を利かせてくれるのを待つしかないですね。たとえば、一塁走者は犠打で送って、二塁からの仕掛けを考えるのもひとつの手になるでしょう。

――あるいは、1巡目は様子見で、相手のけん制のクセを確認することも必要でしょうか。

葛原　それもあるかもしれませんが、あのときの力関係は前橋育英が上でした。うちが勝つには先制パンチしかない。小野寺が出れば、スタートを切って、ノーアウト二塁を作る。そのプランで考えていたので、仕方ありません。

――お話を聞いていると、けん制に関しては次の試合でパターンが変わる可能性もありますか。

葛原　変わるとしたら、セットポジションの秒数と、左ピッチャーの顔の向きやグラブの使い方ぐらいでしょう。右ピッチャーが回転して投げるけん制の場合、大会中に変えてくることはまずないと思います。

――いいスタートを切るために、相手のクセはどのように利用していますか。

葛原　盲点なのが、キャッチャーのクセです。一番おいしいのが、けん制のサインを出したキャッチャーが、ミットをしっかりと構えないことです。特にベンチにいる監督が、「次、けん制入れろ」とキャッチャーにサインを出した場合に、構えないケースが多くあります。ピッチャーはホームに絶対に投げてこないので、無意識のうちに構えることを忘れているのです。２０１４年秋の関東大会で対戦した明秀日立、２０１５年センバツの天理のキャッチャーにこのクセがありました。

――これは言われてみるとすぐにわかりますが、その視点で見ている人は少ないでしょうね。だから、キャッチャー自身も気づかない。自チームで、自分たちのクセを見つけあうことも大事になりますね。ピッチャーのクセはどのあたりを見ていますか。

葛原　たとえば、左ピッチャーの場合は一塁ランナーからボールの握りが見えます。ストレートの握りでセットするピッチャーは、変化球のときにボールを握り替えます。このとき、一塁ランナーからボールの白い部分がたくさん見えるときはスライダー系。けん制がしにくいのと、「変化球ゴー」を狙えるので、盗塁のスタートを切りやすくなります。あとは、グラブの高さであったり、軸足への乗せ方だったり、ポイントはいくつもあります。

——こうしたクセは、日頃から見抜けるように訓練していくのでしょうか。

葛原　やりますね。健大高崎のときは、「相手はクセがわかりやすいピッチャー。5イニング以内にクセがわからない場合は、ベンチから出なさい」とやっていました。次第に、クセを見抜く楽しさがわかってくるようにもなります。

——興味を持たせることが大事なわけですね。

葛原　クセという点で、一番悔しいのはキャッチャーのクセがわかるときです。キャッチャーが配球のサインを出すときに、右ヒジの角度を見ていれば、インコースかアウトコースかわかる場合があります。右バッターの外を要求するときは、右ヒジが浮きやすい。でも、ベンチからそれがわかったところで、バッターには伝えられないわけです。もどかしさがありますが、選手にはそうした情報も伝えるようにしています。なぜなら、相手の情報をひとつでも入手できていたほうが、心の余裕が生まれ、相手を丸裸にしている気持ちになっていくからです。メンタル面で優位に立てることが、結果的に勝ちにもつながっていくと考えています。

――得られる情報は、多ければ多いほどいいわけですね。それでも、いろいろと伝えすぎて、選手が混乱することはないですか。最後に、情報を伝えるときに心がけていることを教えてください。

葛原　最初にもお話ししましたが、鉄則は「二兎を追う者は一兎をも得ず」です。あれもこれも考えさせたら、それこそ選手が迷います。確率が高いデータがあるのなら、「これをやっていこう！」と明確に伝える。それと、私がよく使う口癖が「騙されたと思って、やってみなさい」。結構、うまくいくものですよ。

――「葛原先生が言うことであれば」という信頼感もきっとあるでしょうね。

葛原　どうでしょうか、それは自分ではわかりませんが、自信を持って明確に伝えるようには心がけています。

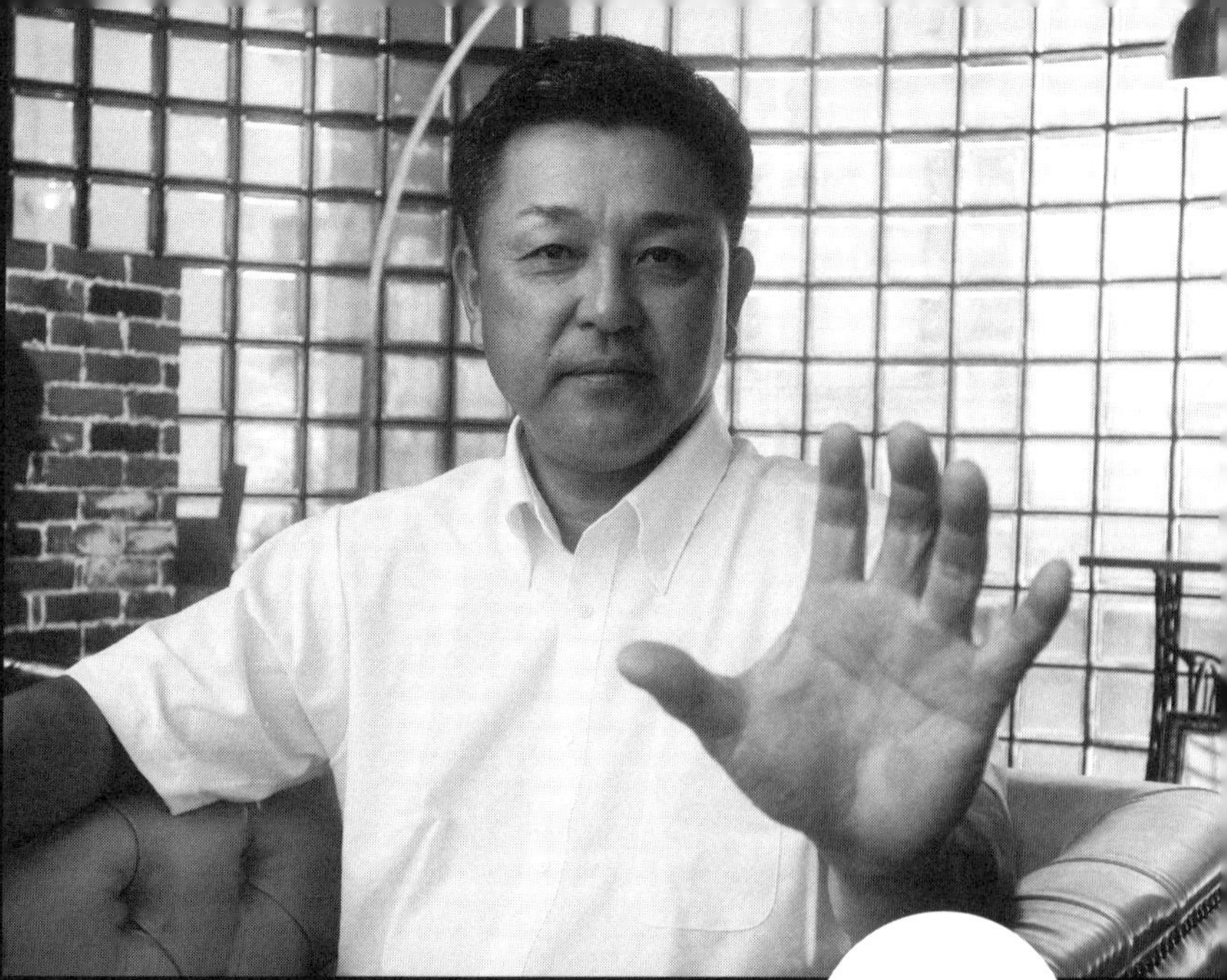

INTERVIEW

元横浜ベイスターズ、元中日ドラゴンズ

谷繁元信

「ピッチャーの力を引き出すキャッチャーの技術」

「ピッチャー本位」で的は大きく 信頼しても、信用しすぎない！

キャッチャーとして、プロ野球史上最多となる2963試合の出場数を誇り、ゴールデングラブ賞を6度受賞した谷繁元信さん。プロ野球の審判からは、「谷繁選手のキャッチングが一番見やすかった」という声が出てくるほど、高い捕球技術を備え、ピッチャーとの信頼関係を築き上げてきた。ピッチャーを生かすには、キャッチャーの力が絶対に必要となる。キャッチングやワンバウンドストップについて、プロならではの考えを明かしてくれた。

PROFILE　たにしげもとのぶ　1970年生まれ、広島県出身。江の川高から1988年ドラフト1位で横浜大洋ホエールズに入団（98年に日本一）。2002年より中日ドラゴンズに移籍、落合博満監督の下、リーグ優勝4回、日本一1回に貢献した。2014年から選手兼任監督。2015年に現役引退、2016年に監督を退任。通算3021試合出場（NPB記録）、通算2108安打、ゴールデングラブ賞を6回、最優秀バッテリー賞を4回受賞。現在はプロ野球解説者として活動する。

体は小さく、「的＝ミット」を大きくピッチャーが見るときに「的」を消さない

――『投球技術の極意』というタイトルの書籍になりますが、谷繁さんにはキャッチャーの視点から、ピッチャーを生かすための極意を語っていただけるとありがたいです。早速ですが、谷繁さんがキャッチングで一番大事にしていたことはなんですか。

谷繁　まず考えることは、「ピッチャーから見たときにキャッチャーがどう見えるか」ということです。投げやすいのか、投げにくいのか。ぼくは、「的」を大きく見せることを常に考えていました。ただ、的に対する考えを誤解しているキャッチャーが多く、決して自分の体を大きく見せるわけではありません。大事なのは、ミットを大きく見せることです。

――「ミット＝的」ですね。

谷繁　イメージとしては自分の体は小さくして、ミットを大きくする。これを逆にしてしまうと、自分の体だけ大きくなって、的であるミットが小さくなってしまいます。ミットを大きく見せるために、ぼくはできるだけ体を猫背にして、自分を小さくするようにしていました。

――そう言われてみると、谷繁さんの構えは背中が丸まっていますね。

谷繁　現役時代によくやっていたのが、鏡の前に座って、「構えやすいうえに、さらにかっこいい構え方」を探すことでした。鏡の前で構えれば、ピッチャーからどういうふうに見えるかわかりますから。

――ピッチャー視点が大事なわけですね。そして、かっこよさも大事！

谷繁　もちろんです。不細工な構えだと、キャッチャーが下手に見えて、ピッチャーからすれば、「こいつ大丈夫かな？」と思いますよね。ピッチャーを不安にさせないことです。

――的を見せるために、ミットの面をピッチャーに向ける意識はありましたか。

谷繁　もちろんあります。ただし、面をしっかりと見せようとしすぎると手首を立てなければならず、手首が固まってしまう。感覚的には、親指側を少し上げることで、ミットの下側を上げるようにしていました。

――ピッチャーのモーションに合わせて、ミットを下げて、捕球のタイミングを計るキャッチャーもいます。谷繁さんはミットを落とさないイメージがあるのですが、ご自身ではどんな感覚を持っていましたか。

谷繁　ミットをずっと構えたまま、ボールを捕るのはなかなか難しいことです。何でミットを下げるかというと、そのほうが捕るタイミングを計りやすいから。でも、ピッチャーからすると、的が消えることになります。大事なことは、ピッチャーが見ているときには的を見せてあげることです。たとえば、足を上げたときに一度、目線を落とすピッチャーがいますが、このときにミットを下げても何ら問題はありません。

——なるほど、ピッチャーは的を見ていない。

谷繁 そういうことです。ぼくの考えからすると、キャッチングのことだけを考えてミットを下げるのは「キャッチャー本位」であって、ピッチャーのタイミングに合わせてあげるのが「ピッチャー本位」。ピッチャー本位であるべきだと思います。ピッチャーが見る瞬間に、的を見せてあげれば、投げたいところによりフォーカスすることができるわけです。

——そうなると、ひとりひとりのピッチャーによって、ミットの下げ方を変えていたのですか。

谷繁 もちろんです。ブルペンで受けるときに、ピッチャーの特徴を把握しておきます。ずっとミットを見ているピッチャーであれば、できるだけ、的を消さないようにする。ただ何となく、ブルペンで球を受けているだけでは、試合につながっていきません。

——こういう視点でボールを受けている高校生は、たぶん少ないと思います。

谷繁 あとは、なぜミットが下がるかというと、手首やヒジを使って、ミットを動かそうとしているからです。だから、下がっているように見える。ぼくは左の肩を支点にして、ミットを動かすイメージを持っていました。的を見せ続けるのであれば、ミットを自分の体のほうに引いて、前後の奥行きを使う。そうすれば、ミットだけが落ちるようなことはありません。

ボールをストライクに見せるのは技術ではないキャッチングの肝は「捕る」ではなく「受ける」

――ここ数年、メジャーリーグの影響もあってか、「フレーミング」という言葉を頻繁に耳にするようになりました。高等技術と見られる一方で、ミットを動かしすぎているキャッチャーもいて、賛否があるようですが、谷繁さんはどのように捉えていますか。

谷繁　本当によく耳にするようになりましたね。以前、古田敦也さんとこの話題になったのですが、一致した考えは「『ストライク』の球を『ボール』とコールされないためのキャッチング技術」でした。もう少し言えば、『ストライク』か『ボール』かどちらにも取れるギリギリのコースを、『ストライク!』と言ってもらうためのキャッチング。決して、ボール球をストライクに見せるキャッチングではありません。高校生にも、ここは勘違いしてほしくないところですね。ボール球はボール球ですから。

――現役時代、「ボール球をストライクに見せる」という考えはなかったですか。

谷繁　ないですね。アンパイアの方といろいろとコミュニケーションを取っていく中で、「キャッチャーがミットを動かすのは、ボール球をストライクに見せるため。だから、ミットを動かしたらボール」という話を聞いて、もうそのとおりですよね。人間の心理として、ストライクを取ってほしいからミットを動かす。正直、今のキャッチャーを見ていると、「みっともない」と思うこともあります。アンパイアの心理を考えたほうがいいですね。

――何か、あがいているような感じがしますか。

谷繁　そうです、そうです。ボールはボール。そんなことをするなら、球がきたところできっちりと止めてあげる。そうすれば、アンパイアはしっかりと見てくれます。

――谷繁さんの言葉になると、説得力がありますね。キャッチングは、「止める」という意識ですか？

谷繁　「止める」もそうですし、「受ける」ですね。「ボールを捕る」のがキャッチャーの仕事ですが、自分からヒジを伸ばして、わざわざ捕りにいく必要はまったくありません。どんな球であっても、必ず自分のところにボールはくる。だから、投球のラインにミットを置いて待っていれば、おのずとミットに入ります。

――話だけ聞いていると、とてもシンプルですね。実践するのは当然、難しいのでしょうけど。

谷繁 ボールを捕りにいこうとすると、どうしても余計な力が入ってしまいます。力が入るから、ポロッとやってしまう。どれだけ力を抜いて、ボールを待っていられるか。力を抜いた状態でミットにボールが入れば、ボールの衝撃によってミットは勝手に締まってくれます。7～8割ぐらいの力で、「ポン」と受ければいいんです。

――ヒジを伸ばして、体の前で「パチン!」と捕りにいくキャッチャーもいますが、メリットは何もないですか?

谷繁 まったく意味がないですね。どこにもつながっていかないですから。たとえば、前で捕ろうとすると、バットに叩かれる可能性がひとつ。もうひとつは、送球を考えたときに、わざわざ前で捕ってから自分の体の近くに持ってくる時間と、ボールが向こうから進んでくる時間を比べたら、ボールのほうが速いわけです。コンマ何秒の差かもしれませんが、それが盗塁のアウト、セーフにつながっていきます。例外があるとすれば、ショートバウンドに対して、手を伸ばして捕りにいくときだけですね。

――ヒジはある程度の緩みを持たせておく。

谷繁　曲げすぎても、伸ばしすぎてもダメですけどね。
――ヒジを曲げることで、ボールの力に負けてしまうことはありませんか。
谷繁　それは、ヒジを支点にして考えているからです。ヒジから先にしか力が入らないので、ボールの勢いに負けてしまう。さっきも言ったように、支点になるのは肩です。肩甲骨から使おうと思えば、力の入り方がまったく変わってきます。
――高校生は、低めに対してミットが垂れるキャッチャーがいますが、これも同じことでしょうか。
谷繁　ヒジから先の小手先で捕ろうとしないことです。肩から捕る。この感覚がわかれば、ミットは止まります。
――「ヒジを支点にして、車のワイパーのように使う」という指導法も聞いたことがあります。
谷繁　ぼくも昔は、ヒジを支点に動かそうとしていました。でも、これでは力が入りにくく、動かせる範囲も狭い。肩を支点にしたほうが大きく動かすことができて、強さもあります。

球審の見やすさを意識した捕球技術
人差し指をなるべく立てて捕る

――フレーミングの話でもありましたが、ストライク、ボールのジャッジをするのは言うまでもなく球審です。球審の目はどの程度、意識していましたか。

谷繁 かなり、意識していましたね。一番、キャッチングの技術が問われるのが低めの対応です。アンパイアは、キャッチャーの頭の上からボールを見ています。同じ低めの球であっても、捕ったときのミットの形によって、印象はまったく違うものです。たとえば、ミットの上の面（手の甲）がピッチャーに向いた捕球と、アンパイアに向いた捕球では、ボール1個分、捕球位置が違うように見えます。

――ピッチャーに向いているほうが、ミットが下がっているように見えますね。

谷繁 手首が寝ているか、立っているかの違いです。

――高校生に低めのキャッチングに関して、アドバイスを送るとしたら、どんなことがありますか。

谷繁 まずは、上から捕りにいかないことですね。できるかぎり、目線を下から持っていく。実際には目線よりも低いところにくるので、ボールを下から見るのは不可能ですが、下から見る意識を持っておく。そうすれば、ミットも下から出るようになります。あとは、何度も言っていますが、ヒジや手首を使った小手先で捕りにいかないこと。低めこそ、肩を使って止めにいくことです。

——キャッチングの際に、ミットを立てる意識はありましたか?

谷繁 ミットを横に使うか、縦に使うかでタイプがわかれますが、ぼくはどちらかと言えば縦ですね。ただ、完全に縦に使うことはできないので、ミットに入れた人差し指が下がらないような意識を持っていました。気持ち、立てるような感じです。

——人差し指が下がる弊害はどこにありますか。

谷繁 特にアウトローを捕ったときに起こることですが、ミットの先が下がることによって、低い位置で捕ったように見えてしまいます。アンパイアの視点からすると、ボールが実際にきた場所よりも低く見える。ストライクのコースなのに、ボールと言われてしまう可能性があります。

——これこそ、ストライクをストライクに見せるフレーミングですね。

谷繁 低めこそ、キャッチングの技術が問われます。

コースに寄って構えるときは気配を消す ピッチャーとコミュニケーションを図る

――プロ野球の場合、何十人というピッチャーの球を受けるわけですが、ピッチャーによって構え方を変えることはありますか。

谷繁　基本的にはないですね。ただ、ピッチャーによっては「あまり、コースに寄ってほしくない」という場合もあるので、寄り方を変えることはあります。あとは、状況ですよね。ストライクがほしいときと、ボール球を要求するときでは寄り方を変えます。そういう使い分けは必要ではありますね。

――高校生の場合、結構大げさに寄るイメージがあるのですが、何か感じることはありますか。

谷繁　問題なのは、どう寄るかですね。これもキャッチャーの大事な技術ですが、バッターに悟られてしまうと、コースを張られる恐れがあります。早くからインコースに寄ると、狙い打たれる可能性がある。高校生はちらちらとキャッチャーの動きを見ることもありますよね。

――たしかに、見ているバッターもいますね。

谷繁　バッターの心理として、キャッチャーの気配を感じようとするのは当然のことです。キャッチャーはそれをわかったうえで、対応していかなければいけません。

――谷繁さんはどのように対応していましたか。

谷繁　気配を消しながら、コースに動く。たとえば、足の運びを静かに忍者のようにスッと寄る。こういう練習も必要です。ドタドタと音を立てながら、インコースに寄ったら、誰だってわかりますよね。「キャッチャーの動きを見るなんてずるいだろう」という考えもあるかもしれませんが、それも含めて勝負ですから。相手に動きを悟られないようにするのも、キャッチャーの大きな仕事になります。

――基本的な構え方は変えないものとして、バッテリーの相性は存在するものですか。「このピッチャーとは合わないな」とか、逆にピッチャー目線から見れば、「投げにくいな……」と感じることはあるのでしょうか。

谷繁　ゼロではないですね。バッテリーの呼吸が合わずに、サインのタイミングがあわないピッチャーもいます。高校野球とは違って、プロの場合は1球団に40人ぐらいのピッチャーがいますからね。

――仮に、高校生で相性の悪いバッテリーがいるとしたら、どんなアドバイスを送りますか。

谷繁　コミュニケーションを積極的に取ることをおすすめします。高校生の場合は、グラウンドだけでなく、学校でも一緒の時間を過ごすわけなので、普段の生活からお互いを知る時間はいくらでもありますよね。プロの場合は、一緒にご飯を食べに行くなどして、お互いの考えを話すようにしています。

――バッテリーの信頼関係も必要になってくると思いますが、ピッチャーからの信頼を勝ち取るために、キャッチャーができることはありますか。

谷繁　ピッチャーがやろうとしている取り組みをしっかりと見てあげて、もし何か聞かれたときに、ちゃんと答えられる準備をしておくことです。わかりやすい例で言えば、腕の位置を少し下げて、練習していたとします。そのときに、これまでとの違いに気づくだけでなく、「自分はこう思う」という意見を持っておく。それをピッチャーに伝えることができたら、「おれのことをちゃんと見てくれている」と思うはずです。ブルペンでボールを受けたりすることも大事ですけど、ピッチャーの変化に気づいて、それに対する考えを伝えることは、信頼関係を築くのにはものすごく大事なことだと思います。

深いミットを愛用していた理由
持ち替えはミットで右手に「渡す」

――キャッチャーミットについても伺わせてください。谷繁さんのミットは、「ほかのキャッチャーとは違う型をしていた」とよく耳にするのですが、どんなこだわりを持っていましたか。

谷繁　いろんなミットを試してみましたが、最終的にたどりついたのは、一般的なものよりも少し深めのミットでした。ボール半分ぐらい、ポケットが深い感じです。あとは、網の部分の紐を緩めにしているキャッチャーが多いのですが、緩い分、捕球したあとにボールが遊んでしまう。それがイヤで、できる限りギュッと締めるようにしていました。

――ポケットを深くした理由はどこにあるのでしょうか。

谷繁　浅いミットの場合、芯を外れて捕ったときに、芯のほうに返ってこないのです。ポケットが深いと、芯を外れたとしても中のほうに返ってきやすい。毎回毎回、芯で捕れるわけではないので、これが一番大きな理由でした。たとえば、盗塁を刺しにいくときも、捕球したあとに握り替えるまでの間に、芯に返ってくる。だから、ボールがどこにあるのかがわかりやすいミットでした。

――ポケットが深いと、握り替えが難しい気もしますが。

谷繁　ぼくは、ハタケヤマのミットをずっと使わせていただいていました。ほかのキャッチャーが、ハタケヤマの社長に「谷繁さんと同じミットを作ってください」と何度かお願いしていたそうですが、「絶対に作らない。谷繁のミットは扱いきれないから」と断っていたそうです。最終的には、ぼくのミットと同じモデルで、やや浅めのミットを作っていたと聞きました。やっぱり、深めのミットだと握り替えが難しいようです。ぼくは、深いほうがやりやすいと思っているんですけどね。

――ポケットが浅いと、ミットを板のように使って、当て捕りがしやすいという考えもありそうですが。

谷繁　ぼくにはその感覚がないんです。捕球したミットで、右手に「渡す」というイメージを持っていました。

――なるほど、深いほうが渡しやすい利点がありそうですね。

谷繁　ほかにも利点があって、ホームのクロスプレーのときに、浅いミットだとスライディングでボールをはじかれてしまうことがあったのです。深いミットに変えてから、ランナーと衝突しても、はじかれることがなくなりました。

――そういう視点もあるのですね。初めて聞きました。

谷繁　あとは、ぼくはもともと内野手をやっていたので、ワンバウンドに対して、手で捕りにいくクセがありました。プロに入ってもそのクセがなかなか抜けずに、捕りにいってしまう。このときに深いミットのほうが、ボールが中に入ってくれるのです。

ワンバウンドストップは体の力を抜く ヒザは前ではなく、体の近くに落とす

――ストッピングの話が出たので、ワンバウンドを止める技術についても聞かせてください。

谷繁　ベイスターズにいたときに、佐々木主浩さんから「体で止められるようにならないと、安心して投げられない」と言われたのがひとつの転機になりました。

――落差の大きなフォークボールが代名詞でした。

谷繁　そこからとにかく練習をしましたね。よくやった練習が、ワンバウンドする瞬間に素早く両ヒザを地面に落とすことです。17メートルほどのノックで鍛えられました。ノーバウンドで打球が来るときは、ヒザを着かずにそのままキャッチ。ワンバウンドのときは、ヒザを落とす。バットに当たる瞬間の角度で、どういう打球が来るかを判断して、予測を

する。「見て、判断して、体を動かす」という反応速度が速くなりました。

――ストッピングに関しては、反復練習が一番でしょうか。

谷繁　そうですね、体が勝手に動くまで練習するしかありません。

――技術的なポイントはどこにありますか。

谷繁　当たる瞬間に力を抜くことです。これが難しいんですけどね。どうしても人間は、ボールが当たる瞬間に力が入ってしまう。硬い体とボールが衝突すれば、当然大きくはじくことになります。でも、体がスポンジのような柔らかさであれば、跳ねていくことはありません。その原理と一緒で、ワンバウンドが体に当たりそうになったら、体の力を抜く。この感覚が一度でもわかれば、あとはできるようになります。

――「怖い！」と思って、体を固めてしまうところもあるのでしょうか。

谷繁　ぼくは、「怖い」と思ったことはないんですよね。「痛い！」とは思いますけど。一度、ベイスターズで大矢明彦さんが監督をされているときに、「今年からこれを着けろ」と薄っぺらい防具を渡されたことがありました。薄いから、体に当たるとめちゃくちゃ痛いんです。痛いから、体の力を抜いて、何とか吸収しなければいけない。そう思えたのが、ひとつのヒントになりました。

――それは面白い話ですね。ストッピングの体勢で気をつけていたことはありますか。

谷繁 ヒザを落とすのが大事なのは間違いないのですが、問題はどこに落とすかです。ほとんどのキャッチャーは、構えたところから前に落とそうとしています。前に落とすほど、体が前に出ることになり、ボールと衝突します。力が入ることで、胸が張られて、アゴも上がって、硬い体になってしまう。ヒザを前に落としても、体の力を抜いて、体を丸められるのなら問題ないですが、かなり難しい技術になります。

――谷繁さんはどんな意識を持っていたのでしょうか。

谷繁 なるべく、体の近いところに落とす。あとは上体の力を抜いて、懐を広くするようにして体を丸める。理想は体の真下にヒザを落としたいですが、それをやるとどうしても尻が浮いてしまうので難しいですね。

――ミットで捕りにいくケースもありますか。

谷繁 自分の守備範囲から逸れたワンバウンドに関しては、ミットで捕りにいくしかありません。体を持っていく時間がありませんから。ただ、キャッチャーボックスから外れた投球に関しては、「キャッチャーの責任じゃないだろう。そんなところに投げたピッチャーが悪い」と個人的に思っていました。ボックスの範囲内であれば、ワンバウンドを止めるのはキャッチャーの仕事ですが、そこから外れたのは無理です。正直、そう思っておかないと、やってられないところはありましたね（笑）。自分で逃げ場所を作っていました。

――周りから言われたりしませんか。

谷繁　ありますけど、内心では「無理だから」と思っていました。ホームベースの手前（＝ピッチャー寄り）でワンバウンドする球も、まず無理。何とか体に当てようとはしますが、そこまで想定していないですから。

――そういうときは、ピッチャーには文句を言うのですか。

谷繁　「お前、今のは無理だろう。しっかり投げろ！」と言うときもあります。こういうことが信頼関係につながっていくと思うのです。言うべきことはしっかりと言うことも、大事だと思います。あと、ひとつ付け加えておくと、後ろに逸らしたあとの処理が大事になります。現役時代のぼくは、この処理が遅くて、無駄な進塁を与えてしまったことが何度かありました。ここに関しては、周りから叩かれたこともありますね。

――走者一塁から暴投で二塁にいかれるのは仕方がないので、そこで止めておく。

谷繁　のんびりしていると、もうひとつ先までいかれてしまいますから。

――ストレートと変化球で、止め方の違いはありますか。

谷繁　基本的には一緒ですね。ただカーブで言えば、右ピッチャーのカーブは地面に着いたあとに逆方向に跳ねます。細かいところですが、そういうところは頭に入れておいたほうがいいかもしれません。あとは、気をつけてほしいのが、ストレートのサインを要求したときです。変化球であれば、「ワンバウンドになるかも」という予測をしながら待っているのですが、ストレートの場合はそこまでの頭がありません。あらかじめ予測をしておかないと、ボールを止める体勢を作るのが遅れてしまいます。

――たしかにストレートを低めに叩いたときに、対応が遅れる姿を目にします。キャッチャーとしてはどんな心構えが必要になりますか。

谷繁　指導者によく言われていたのが、「ピッチャーのことを信頼するのはいいけど、信用しすぎるな」。信頼関係は当然必要ですが、「絶対にここに投げてくる」という信用まではしてはいけないということです。ぼくの場合は、ピッチャーを信用しすぎないように用心しながら受けていました。

――「信頼してもいいけど、信用しすぎるな」。キャッチャーならではの考えかもしれませんね。最後に、数々の名投手を受けてきた谷繁さんから見た、「いいピッチャー」の条件をぜひ教えてください。

谷繁　そうですね、自分がどういうタイプのピッチャーで、どういう打ち取り方が合っているのかを早く理解し、それに対して取り組んでいる人です。これができているピッチャーは、プロの世界で成功していると感じます。

——深い言葉ですね。ここに関してキャッチャーができることはありますか。

谷繁　今受けているピッチャーが、どういう形であれば、長く活躍できるかを考えるようにしていました。たとえば、吉見一起であれば、初めての試合で感じたのが、「ゴロを重ねて、アウトを取るスタイルを目指すことが、長く生きていくことにつながる」。だから、リードするときも低めと両コーナーを丁寧に突いていく。ピッチャーの特徴を見極めることも、キャッチャーの大事な仕事になっていきます。

プロフィール

大利 実（おおとし・みのる）

1977年生まれ、横浜市港南区出身。港南台高（現・横浜栄高）-成蹊大。スポーツライターの事務所を経て、2003年に独立。中学軟式野球や高校野球を中心に取材・執筆活動を行っている。『野球太郎』『中学野球太郎』（ナックルボールスタジアム）、『ベースボール神奈川』（侍athlete）などで執筆。著書に『中学の部活から学ぶ わが子をグングン伸ばす方法』（大空ポケット新書）、『高校野球 神奈川を戦う監督たち』『高校野球 神奈川を戦う監督たち2 神奈川の覇権を奪え！』（日刊スポーツ出版社）、『101年目の高校野球「いまどき世代」の力を引き出す監督たち』『激戦 神奈川高校野球 新時代を戦う監督たち』（インプレス）、『高校野球継投論』（竹書房）、『高校野球界の監督がここまで明かす！ 野球技術の極意』『高校野球界の監督がここまで明かす！ 打撃技術の極意』（小社刊）などがある。2021年2月1日から『育成年代に関わるすべての人へ ～中学野球の未来を創造するオンラインサロン～』を開設し、動画配信やZOOM交流会などを企画している。

https://community.camp-fire.jp/projects/view/365384

装幀・本文デザイン	山内宏一郎（SAIWAI DESGIN）
DTPオペレーション	株式会社ライブ
編集協力	花田 雪
編集	滝川昂、長田悠助（株式会社カンゼン）
取材協力	株式会社Flying B Entertainment

高校野球界の監督《スペシャリスト》がここまで明かす!

投球技術の極意

発　行　日　2021年8月2日　初版

著　　者　大利 実
発 行 人　坪井義哉
発 行 所　株式会社カンゼン
〒101-0021
東京都千代田区外神田2-7-1 開花ビル
TEL 03(5295)7723
FAX 03(5295)7725
http://www.kanzen.jp/
郵便為替 00150-7-130339
印刷・製本　株式会社シナノ

ISBN 978-4-86255-607-3
Printed in Japan

定価はカバーに表示してあります。
ご意見、ご感想に関しましては、kanso@kanzen.jpまで
Eメールにてお寄せ下さい。お待ちしております。